HILDEGARD KREMER

Die neuen Großmütter

Hildegard Kremer

Die neuen Großmütter

Anregungen für eine neue Rolle im Leben

PATMOS

Die Deutsche Bibliothek – CIP-Einheitsaufnahme

Kremer, Hildegard:
Die neuen Großmütter: Anregungen für eine neue Rolle
im Leben / Hildegard Kremer.
Düsseldorf: Patmos-Verl., 2001
ISBN 3-491-72455-4

Satz: Typo Fröhlich, Düsseldorf
Druck und Bindung: Freiburger Grafische Betriebe, Freiburg
ISBN 3-491-72455-4
www.patmos.de

INHALTSVERZEICHNIS

VORWORT

Enkel bekommt man.
Großmutter wird man.

Oder anders ausgedrückt: Ein Enkelkind sichert die Familiennachfolge. Seine Ankunft verleiht der bisherigen Mutter, der Schwiegermutter, den Eltern oder Schwiegereltern einen neuen Status. Das ist das Eine.

Diese neue Rolle zu bejahen und mit Leben zu füllen, das ist das Andere. Eine Aufgabe.

Die Geschichten in diesem Buch erzählen von Frauen, die sich dieser Aufgabe gestellt haben. Es sind kleine Alltagsreportagen mit einem Schuß Feiertagssekt. Sie entstanden aus Gesprächen mit Frauen, die Enkelkinder bekamen, Großmutter wurden und an dieser Aufgabe wuchsen und reiften, manchmal unter Schmerzen. Oder die keine Großmutter wurden, weil ihr Lebensschicksal das nicht zuließ, und die trotzdem anderen Kindern zur Oma wurden. Keine der Geschichten ist so passiert, wie sie zu lesen ist. Sie sind wie Perlen. Jede in einer anderen Muschel gewachsen und später zu einer schimmernden Lebens- und Erfahrungskette zusammengefügt.

Die Namen, die Enkelkinder ihren Großmüttern geben oder die letztere sich selbst erbitten, sind so vielfältig wie die geschilderten Erlebnisse. Aber ob die Großmütter nun Oma, Omi, Grand-mère, Großie, Großele oder wie auch immer heißen, eines haben sie gemeinsam: Ein Enkelkind veränderte ihr Leben. Gestandene Frauen öffneten ihr Herz, weil sie der zarten Berührung durch ein Babyhändchen oder dem Lächeln eines Enkelchens nicht widerstehen konnten.

Öffnen auch Sie ihr Herz für die Großmuttergeschichten, die auch immer Muttergeschichten sind.

CARLOTTA I

Carlotta Strater saß an ihrem Schreibtisch und klopfte nachdenklich mit ihrem Füller – einem Markenfederhalter, bei dessen Anblick Taschendiebe blanke Augen und lange Finger kriegen – auf die Schreibunterlage. Eins-zwei, eins-zwei, eins-zwei – gab es da nicht einen Schlager, der so anfing? Puppet on the string? Grand-Prix-Sieger anno irgendwann? Wie ein Echo aus fernen Jugendtagen taktete sich der Song in Carlottas Erinnerung, die sich anschickte, wieder Gegenwart zu werden. In drei Tagen war Ehemaligentreffen. Wiedersehensfeier nach dreißig Jahren Abstinenz voneinander. Zwölf Kommilitoninnen aus dem damaligen »Chemiesettenkreis« der ehemaligen Krefelder Textilingenieurschule wollten den Zugewinn an Falten und Kilos zählen und dabei berichten, was das Leben aus ihnen gemacht hat. Carlotta sah nachdenklich aus dem Fenster, vor dem ein naßkalter rheinischer Oktoberabend nebelte. »Kein Cabriowetter«, dachte die Chefin des kleinen Düsseldorfer Verlages und verabschiedete sich von dem Plan, mit dem Auto nach Berlin zu fahren. Ob sie mit dem Flugzeug?? Gewohnheitsmäßig drückte Carlotta die Ruftaste. »Füchschen, könnten Sie mal nachfragen, ob Freitag noch ein Flug nach Berlin frei ist?« Kein Echo aus dem Vorzimmer? Ach so, Frau Fuchs hatte längst Feierabend. Wieder trat der Füller in Aktion, diesmal schon energischer: Pochpochpoch. Pochpochpoch. Fast wie Zuggeratter. »Also ICE«, dachte Carlotta und wählte das Servicecenter der Deutschen Bahn. 9.31 Uhr ab Düsseldorf, Ankunft Bahnhof Zoo 13.35 Uhr. »Bitte reservieren Sie mir ein Ticket erster Klasse. Danke.«

Vier Stunden Zeit, während der Bahnfahrt Manuskripte zu sichten. Carlotta wühlte in dem Stapel Unerledigtes, seufzte und legte sich vier Pakete gebündelte Hoffnung zum Mitnehmen zurecht. Es wurde Zeit, das Verlagsprogramm zu aktualisieren. Aber eine begabte Schreiberin mit einem hitverdächtigen Thema zu finden war immer wieder wie die Suche nach der Nadel im Heuhaufen.

Carlotta hatte sich auf Frauenlektüre spezialisiert. Weder seicht noch feministisch. Alltagsnah mit einem Schuß Gesellschaftskritik oder gefühlvoll mit einem dezenten erotischen Touch. Das andere Standbein war ein Überbleibsel aus ihrer Zeit als Lektorin bei einem Frankfurter Fachverlag. Dort hatte sie ihre ersten zwanzig Berufsjahre nach dem Chemiestudium in Krefeld zugebracht, bevor sie schließlich vor zehn Jahren den Schritt in die Selbständigkeit wagte. »Ich müßte mal wieder was Fachspezifisches publizieren«, dachte Carlotta. »Über das Rotfärben von Filzsocken mit Farbstoff aus Purpurschnecken oder blauen Jeanshosen mit Indigo. Fehlt bloß noch Kamille für gelbe Wollwesten, Chlorophyll für grüne Wetterfahnen und Blauholz aus dem Regenwald für schwarze Kranzschleifen.«

Brrr, schnurrte das Telefon.

»Irene, was ist los? Himmel, das Konzert in der Tonhalle! Wie spät ist es denn? Das reicht ja noch nicht mal mehr für einen kleinen Aperitif. Tun wir nachher? Dann hole mich in zehn Minuten ab. Tschüß.«

Irene war Carlottas Tochter. Gutbürgerlich verheiratet, kinderlos und im Bankgeschäft tätig. Sie war die Juniorausgabe ihrer attraktiven Mutter. Carlotta warf eine prüfenden Blick in den Garderobenspiegel und war mit sich zufrieden: Groß, schlank, grauer Hosenanzug mit dezentem Designer-Label, handgefertigter Schmuck aus einer Aachener Goldschmiede. Carlotta Strater galt etwas in der Düsseldorfer Szene und lächelte ihrem Spiegelbild zufrieden zu. Sie hatte aus sich und ihrem Leben etwas gemacht und konnte freudig gelassen dem Wiedersehen entgegensehen.

Der Intercity nach Berlin war total überfüllt. In den Gängen stapelten sich Koffer, Rucksäcke und Jugendliche. Kinder quengelten, Mütter schimpften, Väter stolperten über Beine und durchforschten vergebens die Abteile nach freien Kapazitäten. Im Erster-Klasse-Waggon herrschte dezente, teuer erworbene Ruhe.

»Ein Glück«, seufzte Carlotta und machte es sich auf ihrem reservierten Fensterplatz bequem. Sie war allein im Abteil und breitete sich genüßlich aus: Reisetasche, Manuskripte, Textmarker, Lesebrille. Das Handy blieb ausgeschaltet. Vom Zugservice mit einem doppelten Espresso und einem Mineralwasser kostenpflichtig verwöhnt, begann sie, die Fahrt zu genießen.

Nessie hatte den Anstoß zum Ehemaligentreffen gegeben.

Nessie, eigentlich Denise, war in den frühen 70-ern eine junge Dozentin und die einzige Etablierte in dem Kreis aufmüpfiger Studentinnen. Carlotta, damals noch Charlotte gerufen, war der Kopf der »Chemiesetten«, die neben dem Studium der Textilchemie auch noch die Welt verbessern wollten. Carlotta dachte sich in jene Zeit zurück und lächelte. Was wohl aus der hanseatischen Margarete geworden war und aus dem Dorfsensibelchen vom Selfkant? Diana war in eine Farbenfabrik nach Frankreich abgewandert. Sie hatten anfangs noch Kontakt gehalten. Aber dann hatte Diana ihren Chef geheiratet und die Verbindung war abgebrochen. Thea, ach ja Thea. Die war nach dem zweiten Semester spurlos verschwunden. Im Gegensatz zu Isabelle. Die schien im Alter Karriere zu machen. Carlotta hatte sie neulich ganz zufällig in einer Mona-Lisa-Sendung gesehen. Als Sprecherin von ehrenamtlich tätigen »Leihomas.« Carlotta schüttelte sich. Bloß nicht Oma spielen. Ein Glück, daß ihre Tochter Irene sie davor bewahrte.

Carlotta schob die leere Espressotasse zur Seite, nahm ihre Lesebrille und vertiefte sich in das erste Manuskript. Sie hatte noch keine zwei Seiten gelesen, als der Zugschaffner die Tür öffnete und eine junge Frau mit zwei kleinen Kindern in das Abteil schob.

»Hier ist es ruhig. Das wird dem kleinen Bub gut tun. Gute Reise weiterhin.«

Carlotta sah indigniert über den Rand ihrer Lesebrille auf den unerwarteten Zuwachs. Er sah nicht nach Erster-Klasse-Ticket aus. Ob da Protektion im Spiel war?

»Entschuldigung«, wandte sich die Mutter an die feine Dame im teuren Outfit. »Mein Kleiner hat Fieber. Eigentlich hätte ich ihn zu Hause lassen müssen. Aber der Opa liegt sterbenskrank in Hannover in der Klinik und will seine Enkelkinder noch einmal sehen. Ich hatte gehofft, noch einen Sitzplatz zu kriegen. Aber der Zug ist voll ausgelastet. Deshalb mußte ich in die 1. Klasse wechseln, obwohl ich mir das eigentlich gar nicht leisten kann. Ich hoffe, wir stören Sie nicht allzu sehr.«

»Doch, und wie«, dachte Carlotta, lächelte jedoch verbindlich und räumte ihr Büro beiseite.

Die Mutter baute aus ihrer Strickjacke und ihrem Parka ein provisorisches Krankenbett fürs einjährige kranke Bübchen. Die Schwester, mit drei Jahren schon fast eine erwachsene Dame, belegte den Fensterplatz und kommentierte die vorbeifliegende Landschaft. »Guck mal, Kühe mit Hörnern. Warum sind die schwarz-weiß und nicht einfach braun? Da, ganz viele Gänse. Sind die für St. Martin? Die Fahnenstangen haben aber komische Flügel. Die einen drehen sich und die anderen sind ganz still. Warum? Warum sind die Häuser so bunt bekleckert? Mama! Das Auto auf der Straße fährt genau so schnell wie unser Zug. Soll ich mal winken? Huhu, huhu! Och, die winken ja gar nicht zurück. Wann sind wir denn da? Dauert es noch lange, der Opa wartet doch auf uns.«

Carlotta sah genervt auf die Mutter. Aber die lächelte zutraulich und meinte beruhigend: »Das Mädele ist bloß so aufgeregt, weil's zum ersten Mal mit dem Zug unterwegs ist. Haben Sie Kinder? Dann wissen Sie ja, wie das ist.«

»Ein Kind und das ist schon dreißig und als es drei war, hatte ich ein Kindermädchen und Gott sei Dank, daß Irene mich mit einem Enkelkind verschont.« Carlotta drehte sich in ihren Mantel und schloß die Augen.

Das Bübchen begann zu weinen. Die Mutter hob es hoch und schnüffelte. Dann kramte sie in einer Stofftasche mit dem Aufdruck »Öko-Logisch« und holte ein Windelhöschen ans Licht.

»Darf ich es hier wechseln? Oder muß ich auf die Toilette? Wer weiß, ob die sauber ist.«

Carlotta nickte kurz und entfleuchte. Die nächsten fünfzig Minuten verbrachte sie im Speisewagen. Als sie in ihr Abteil zurückkehrte, schlief das Bübele und die Mutter erzählte dem Mädele gerade die Geschichte von Tabbeldei, dem alten Tisch aus Olivenholz und seinen Kumpanen Quietscheboß und Madame Vertiko. Carlotta hörte verwundert zu. Dann verkündete die sterile Lautsprecherstimme die baldige Einfahrt in den Bahnhof von Hannover. Die Mutter sammelte flink ihre Siebensachen und ihre zwei Kinder ein und verließ mit einem verlegenen Gruß das Abteil, das nun wieder Carlotta allein gehörte. Der Kinderspuk war vorbei.

»Bloß keine Enkelkinder«, dachte Carlotta. »Dafür bin ich offensichtlich viel zu alt.«

Berlin, Hotel Adlon. In der Gästeliste seit 1907 finden sich so illustre Namen wie Rockefeller, Hindenburg, Lawrence von Arabien, Marlene Dietrich, Barbara Hutton – und nun gehörten auch die zwölf Aufmüpfigen von einst als ungenannte Gäste dazu. Sie, die einst gegen Luxus und Reichtum hatten aufbegehren wollen und die jetzt, geadelt durch so viel wieder erstandene Pracht, in einer Nische der Eingangshalle den Wiedersehenssekt schlürften. Der

Elefantenbrunnen plätscherte, von der Empore rieselte leise Klaviermusik. Die Chemiesetten wurden zusehends lauter und beschlossen, das Lokal zu wechseln. Der Kotau vor der geschichtsträchtigen Herberge der Hauptstadt war gemacht, die Rechnung als Anwesenheitsnachweis bezahlt.

»Ich habe beim Italiener auf der Bergmannstraße das Hinterzimmer reservieren lassen«, sagte Nessie. »Dort sind wir unter uns und haben nur zehn Schritte bis ins Hotel.«

Carlotta rümpfte die Nase. Aber sie sagte nichts. Sie sagte überhaupt nicht mehr viel an diesem ausgedehnten Abend. Denn nachdem das erste Wiedersehensstaunen verebbt und die Lebensläufe in Kurzform erzählt waren, gab es nur noch ein Thema: die Enkelkinder. Alle Frauen waren Großmutter mit einem unglaublichen Vorrat an Geschichten über Lukas und Jonas und Paula und Torsten und Benedikt und Theo und Moritz und Ursel und Matthias und Mara und die Zwillinge Moni und Mariele und über ein Leben, das sich durch die Ankunft der nächsten Generation verändert hatte. Carlotta war verwirrt. Sie fühlte sich als Außenseiterin in diesem Kreis, der nicht das Früher vergoldete, sondern mit dem Morgen in neue Aufgaben hineinwuchs. Und dann dämmerte ihr, daß die Verlegerin Carlotta Strater die so dringend gesuchte Nadel im Heuhaufen gefunden hatte.

Als der ICE am nächsten Abend wieder in Düsseldorf einlief, stand Irene wartend auf dem Bahnsteig. »War es schön in Berlin«, erkundigte sie sich neugierig.

»Vor allem war es ausgesprochen erfolgreich. Ich habe die Idee für ein neues Buch mitgebracht. Meine Freundinnen werden mir das Manuskript dazu liefern. Den Titel dazu habe ich auch schon parat. Er heißt ›Oma sein dagegen sehr‹.«

Irene lachte.

»Ich habe ebenfalls eine Neuigkeit für dich. Sie klingt zwar auch wie ein Buchtitel, ist aber Realität: Freu dich Mutter, du wirst Oma!«

ELFRIEDE: DIE GLUCKE

Enkelkinder bekommt man. Großmutter wird man. Lehrling bleibt man. Diese Erfahrung könnte als Kernaussage über jenem Kapitel meines Lebens stehen, das mich mit 56 Jahren noch einmal auf die Schulbank trieb. Mein Animateur zappelt gerade neben mir auf dem Boden, zupft an meinen Beinen, rappelt an meinem Stuhl, und als ich mich zu dem kleinen Quälgeist hinunterbeuge, strahlt er mir mit seinen braunen Kulleraugen mitten ins Herz.

»Lukas auch klick machen«, bettelt er.

Ich hebe den Pampershopser auf meinen Schoß. »Omi hat keine Zeit. Omi muß schreiben.«

Lukas stellt sich taub. Ich mich auch. »Lukas Muh haben. Muuhhu!«, wird er energisch und zeigt auf den Bildschirm. Ich reagiere nicht. »Omiii!!!«: Daß taub sein so anstrengend sein kann! Lukas Mäulchen präpariert sich aufs Brüllen, aber bevor es zu dieser lautstarken Machtprobe kommt, trifft mich von schräg unten ein listiger Blick.

»Dada!« Mit einem Griff annektiert er die Computermaus, läßt sie über die Unterlage rollen, kräht fröhlich »klickklickklick« und simsalabim hat mein sorgsam formulierter Text dem Monitor Valet gesagt. Ein Glück, daß ich schon alles gespeichert habe.

»Lukas jetzt spielen«, verlangt der zweijährige Computerfreak angesichts des leer geräumten Bildschirms.

»Heute nicht«, sage ich streng und lasse Lukas wieder zur Erde gleiten. »Omi Elfriede muß schreiben.«

»Omi nicht schreiben, Omi mit Lukas spielen, bitte bitte bitte.«

Es fällt mir schwer, den bettelnden Kinderaugen gegenüber fest zu bleiben. Aber ich habe es gelernt. Ebenso habe ich es gelernt, den in langen Lebensjahren immer höher gewachsenen Familienzaun zu öffnen. Ich wußte gar nicht mehr, wie interessant und anregend das Leben außerhalb des Zauns sein kann. Wie spannend oder auch kitzelig es ist, sich auf Neues einzulassen. Der Umgang mit einem Rechner gehört dazu. Und wer gab den Anstoß, dieser für mich total neuen Materie eine Chance zu geben?

Es waren nicht meine drei Kinder, die mich als immerwährende Glucke verspotteten und als hoffnungslosen Fall ins geistige Abseits schoben. Es war mein Enkelchen Lukas, der die Tür zu meinem selbstgebauten Zaun fand, sie mit seinen kleinen Händchen energisch aufstieß und damit mein Leben auf den Kopf stellte. Bildlich gesehen natürlich.

Als Lukas mit noch nicht ganz zwei Jahren die alte Computermaus seines Vaters zum Spielen bekam, als er die hopsenden Bildchen des Lernspiels auf dem Monitor viel spannender fand als Omis oft gehörte Geschichten, als er feststellte, daß ich angstvoll das fremde Medium mied, als diese achtzig Zentimeter Übermut so ganz nebenbei feststellten: »Omi dumm!«, da klickte es bei mir. Ich zog Bilanz.

Auf der Habenseite standen drei gut geratene Kinder, ein ordentlich geführtes Haus, ein unkrautfreier Garten, ein zufriedener Mann. Auf der Sollseite dümpelte mein Ich. Als das Nest leer wurde, gackerte es seinen flügge gewordenen Küken hinterher, statt mit neuem Schwung neue Horizonte zu entdecken. Es war ja so schön mollig im Familiennest. Warum sich Regen und Wind aussetzen, wenn Sonnenschein genügte?

Er genügte eben nicht. Ich sah zwar im Fernsehen den Wetterbericht, aber ich setzte die Hoch und Tiefs, die Windböen und Regenschauer nicht in Bezug zu meinem Leben. Ich hatte vergessen, daß zum Wachsen und Reifen mehr gehören als Wärme und Licht.

»Mutters Horizont wird immer enger«, ärgerten sich meine Kinder, weil ich mich ihren Diskussionen entzog. Was kümmerten mich Atomausstieg, Klimakatastrophe, Handyhandling, Gameboy, daß meine Kinder nur noch per SMS kommunizierten und sich anmailten. Mir war wichtig, daß mein kleines Lebensumfeld stimmte. »Laßt Mutter in Ruhe. Sie hat es nicht nötig, Familien- und Berufsleben zu koppeln. Sie ist der ruhende Pol im Haus und hält euch den Rücken frei, damit ihr was werden könnt«, verteidigte mein Mann meinen Status und seine Ruhe. »Macho«, murmelte meine Tochter Birte und meinte, meiner Nase täte es gut, frischen Wind zu schnuppern. Aber ich war viel zu selbstzufrieden und träge, um mein Gluckendasein zu ändern. Erst dieser Winzling von Enkel brachte mich zum Nachdenken und zu dem Fazit: Bilanz unausgeglichen, an Profil verloren, an Selbstwert abgebaut. Den Schlußpunkt setzte die schon erwähnte Feststellung: Omi dumm.

Das traf. Das bohrte. Das ärgerte. Es war nicht die Unkenntnis über Bite und Byte, Prozessor und Schnittstelle, Hardware und Software, RAM und ROM, die mich unruhig machte. Es war die Erkenntnis, absolut nichts mehr für meine Allgemeinbildung getan und mich selbst dadurch an den Rand manövriert zu haben. Daß es ausgerechnet der Computer war, der als erstes Lernprogramm für mein neues Lebensfenster herhalten mußte, war naheliegend. Schließlich wollte ich mit meinem Enkel Schritt halten. Die Glucke probte das Fliegen.

Natürlich ließ sich das nicht lange geheimhalten, und damit wären wir am Anfang dieser Geschichte. Sie beginnt nämlich mit dem Wunsch, eines unserer drei Kinder in der Nähe zu behalten. Wofür hatten wir ein großes Haus, in dem viele Zimmer nach dem berufsbedingten Weggang unserer Söhne leer standen? Auch Birte war ausgezogen. Sie lebte seit einiger Zeit bei ihrem Freund Helmut. Zu unserer Überraschung und Freude wurde er »nach reiflicher Überlegung« und einigen Probejahren ihr Ehemann. Wir legten dem jungen Paar die Zimmer im Wartestand als zukünftige Wohnung mit viel Platz für den Nachwuchs ans durchaus nicht erfreute Herz.

»Du bist eine liebe Glucke. Aber du wirst uns auffressen mit deiner Fürsorge«, mäkelte Birte. Schließlich siegte die Vernunft. Viele Quadratmeter für wenig Geld; eine Mutter, die das Essen parat hatte, wenn das junge Paar von der Arbeit nach Hause kam; eine kostenfreie Wasch- und Bügelfrau, das war Service pur. Ich fühlte mich wieder gefordert, durfte wieder für »Kinder« sorgen. Der Kreislauf schloß sich.

Nein, nicht ganz, wie ich mit steigender Unruhe feststellte. Ungeduldig wartete ich darauf, daß Birte und Helmut mich zur Großmutter machten. Als ich meine Tochter eines Tages darauf ansprach, reagierte sie unwirsch.

»Mutter, du nervst mich. Was soll deine Ungeduld? Ob oder wann wir ein Kind haben wollen, ist eine Entscheidung, die nur mich und meinen Mann etwas angeht. Also halte dich da bitte raus. Basta.«

Ich war ganz verstört. »Aber Kind, sei doch nicht so erbost.

Schließlich bist du schon mehr als zwei Jahre verheiratet. Da darf man doch wohl mal fragen. Wenn ich da so an meine ersten Ehejahre denke ...«

„Denke vorwärts, nicht rückwärts. Vergleiche nicht dein Gestern mit meinem Heute. Du hast nach deiner Heirat deinen Beruf aufgegeben. Du hast da gesessen und gewartet, daß du schwanger wurdest, was auch prompt passierte. Ich liebe meinen Beruf. Ich habe nicht jahrelang studiert, um als Heimchen am Herd zu versauern.«

»Das brauchst du auch nicht. Schließlich wohnen wir in einem Haus und ich fühle mich wirklich noch fit genug, ein Enkelkind zu betreuen. Wenn es doch endlich so weit wäre ...«

Ja, ich sehnte mich nach trippelnden Kinderfüßchen und auch mein Mann träumte verstohlen davon, Opa zu werden. Aber er war zurückhaltender als ich. Eines Tages erwischte er mich beim Kramen auf dem Speicher.

»Guck mal, was ich alles aufgehoben habe. Das ist die komplette Babyausstattung von Birte.«

Gemeinsam freuten wir uns an den Hemdchen und Jäckchen, den mit Mausezacken umhäkelten Bibertüchern, den vergilbten Strampelhöschen, dem süßen rosa Garnitürchen. Im Erinnern wurden wir wieder zu jungen Eltern. Wir vergoldeten die manchmal auch schwere Zeit und schwelgten in rosaroten und himmelblauen Zukunftsträumen. Heimlich nahm ich die Sachen und Sächelchen mit in die Waschküche. Wer weiß ...

Einige Monate später war es tatsächlich so weit. Birte erwartete ein Baby. Sie war schon im vierten Monat.

»In der achtzehnten Woche« stellte Birte richtig.

»Und ich erfahre erst jetzt davon.« Ich war beleidigt.

»Da haben wir's. Das habe ich befürchtet, Mutter. Ich weiß, ab jetzt willst du mich in Watte packen. Ich hasse Wattepackungen. Mir reicht deine Fürsorge für die restlichen Monate. Außerdem war es auch schön, zusammen mit Helmut die ersten Wochen ganz im Geheimen zu genießen. Sei nicht böse, ich habe dir auch was Interessantes mitgebracht. Hier ist die Aufnahme der Ultraschalluntersuchung. Guck mal, was es wird.«

Nein, ich wollte nicht gucken. Ich wollte die Spannung nicht durch Wissen zerstören.

»Du bist lieb, aber total altmodisch«, lachte Birte. »Dann wirst du eben beides, blaue und rosa Jäckchen häkeln dürfen.«

»Eigentlich ist noch alles vorhanden«, tat ich geheimnisvoll und zog die werdende Mutter zu den beiden Kartons mit der sorgsam gewaschenen und gebügelten Säuglingswäsche.

»Mutter!!!« Das klang nach drei empörten Ausrufezeichen. »Mutter, du glaubst doch nicht, daß ich meinen Sohn mit diesem antiken Zeug verunstalten werde.«

Antikes Zeug? Und Sohn? Jetzt wußte ich es. Ich war out und die Zukunft männlich. Die selbstgemachten Enttäuschungen reihten sich aneinander. Mit welchem Namen würde dieser werdende männliche Nachfolger einer preußisch angehauchten Familientradition im Stammbuch behördlich verewigt werden? Wilhelm, Friedrich, Fritz, Willi? Nichts von alledem. Es wurde ein Lukas. Ein prächtiges Baby, der uneingeschränkte Stolz seiner Großeltern. Wenn ich diesen Stolz nur nicht so protzig dokumentiert hätte.

Am ersten Fauxpas war der frisch gekürte Opa mit beteiligt. Er reihte all die verschmähten Babyjäckchen und Strampelchen auf eine Leine und ließ sie Verkündigungsengel spielen. Es sah lustig aus, wie die Babyvergangenheit unserer Kinder Zukunft prognostizierte. Wir freuten uns mit unseren Nachbarn. Bis unser Schwiegersohn nach Hause kam und Wut schnaubend sofortige Entfernung verlangte.

»Geschmacklos. Einmischung in unser Privatleben. Eine Lachnummer.«

Mit dieser Reaktion hatten wir nicht gerechnet. Wenn ich doch nur nicht die Geburtsanzeige aufgegeben hätte..

»Wir freuen uns über unseren ersten Enkel und teilen mit ...«

Man sollte sich nicht so öffentlich freuen. Das machte mir Birte klar und sagte auch warum«: Damit hast du sämtliche Werbestrategen auf den Plan gerufen. Was meinst du, wie die uns jetzt mit Proben, Pröbchen, Prospekten, Versicherungen und noch viel mehr bombardieren werden. Helmut ist stinksauer.«

Die Wut verrauchte, aber das nächste Problem lag schon auf der Lauer. Kinderläden zogen mich magisch an. Was gab es für entzückende Babysachen. Birte hatte recht, das alte Zeug zu verschmähen. Ich kaufte aus Lust am Kaufen. Die Sachen und Sächelchen häuften sich. Birte freute sich. Anfangs. Dann gab sie mir vorsichtig den Tip, daß die andere Oma auch Geld in Geschenke für Lukas investiere. Aber was sollte er mit all den Sachen? Er wuchs doch so schnell aus allem heraus. Für das nächste Kind verwahren, dachte ich heimlich.

Die andere Oma, Helmuts Mutter, war eine noch im Erwerbsleben stehende Witwe und kam in meinem Bewußtsein kaum vor. Sie wohnte prachtvolle 432 Kilometer von uns entfernt, was für einen lockeren Kontakt und distanzierten Umgang sprach. Als Lukas drei Monate alt war, änderte sich das. Besagte Großmutter zog für einen vierwöchigen Urlaub ins Gästezimmer der jungen Familie. Konkret: Konkurrenz kam ins Haus.

Birte war meine Tochter. Lukas mein Enkelkind. Helmut mein Schwiegersohn. So die Reihenfolge. Die ferne Oma war eine Ab-und-Zu-Verwandte. Jetzt lebte sie als seltener und deshalb umhegter Gast in der Familie ihres Sohnes und verlangte ihren Anteil am Dasein ihres Enkels. Verständlich – aber ich wollte nicht verstehen.

Als erste Reaktion verlangte ich eine andere Anrede. »Ich bin die Omi«, machte ich Birte klar. »Deine Schwiegermutter ist die Oma. Schließlich muß Luki uns auseinander halten können.«

Birte und Oma lächelten, was mich innerlich erboste. Denn ich hatte mit Widerspruch gerechnet, an dem ich mich reiben konnte. Der Protest kam auf andere Art.

»Unser Sohn heißt Lukas. Nenne ihn bitte nicht Luki. Sonst wird aus ihm eines Tages ein Lukilein und er hat denselben Ärger wie mein Bruder Hans, dem dein ›Hansilein‹ jahrelang anhing.«

Die Konfrontation ging in die nächste Runde. Ich erzählte so ganz gewollt nebenbei, daß ich für meinen Enkel selbstverständlich ein Sparbuch anlegen wollte. Mit einem namhaften Betrag selbstverständlich.

»Diese Art der Geldanlage ist absolut out«, belehrte mich Oma. »Die Sparbuchzinsen sind so gering, daß sie kaum die Teuerungsrate auffangen.«

Als belehrte und blamierte Glucke wuchs meine Abneigung gegen den Eindringling in die Familienidylle. Es war nichts anderes als Eifersucht. Aber das wollte ich mir nicht eingestehen. Ich atmete auf, als die vier Wochen Störung vorbei waren und mein Gemütszustand dank der 432 Kilometer wieder ins Gleichgewicht kam.

Ich freute mich am Wachsen von Lukas. Ich genoß das häufige Zusammensein mit Birte, die ja während des Erziehungsurlaubs den ganzen Tag zu Hause war. Es war ein ständiges Treppauf und nicht ein ausgewogenes Auf und Ab, das meinen Tagesrhythmus prägte. Morgens half ich Birte beim Baden und Füttern. Mittags kam Birte samt Babyphon nach unten. Ich kochte nach wie vor für sie mit. Am Nachmittag begleitete ich sie, wenn sie Lukas im Kinderwagen spazieren fuhr. Am späten Abend zog es mich nochmals in die obere Etage, um Lukas Gute Nacht zu sagen. Ich vernachlässigte meinen Mann und nervte meinen Schwiegersohn. Ich aalte mich in meiner lang ersehnten Rolle als Großmutter und merkte nicht, das es unter der Oberfläche zu brodeln begann. Das freudige Ereignis wurde zum versteckten Ärgernis, aber ich war blind und taub für alles, was nicht Lukas hieß.

»Es war doch damals eine richtige Entscheidung, zusammen in einem Haus zu leben«, meinte ich selbstzufrieden, während ich dem zappelnden Lukas die Pampers wechselte.

Birte schwieg. Keine Zustimmung? Was hatte sie nur?

»Kommt ihr heute abend herunter zum Essen? Ich backe Reibekuchen, die magst du doch so gern?«

»Nein.«

Das Wort stand hart im Raum.

»Nein, nein, nein. Behalte deine Reibekuchen. Ich will mit Helmut und Lukas allein sein. Meine Wohnung ist hier oben. Sie hat ein Namensschild und eine Klingel, und die ist kein Zierrat. Ab heute darfst du läuten, wenn du zu uns willst. Du frißt uns auf mit deiner übertriebenen Fürsorge, wie ich es befürchtet habe. Du kennst nichts anderes mehr als ›Lukaaas‹, und das muß ein Ende haben. Entweder wirst du wieder normal und respektierst uns als eigenständige Familie, oder wir ziehen aus.«

Wieso drehte sich noch die Erdkugel, wenn die Welt stillstand? Wieso klingelte das Telefon, pfiff der Schnellkochtopf, brabbelte Lukas vor sich hin, wenn doch meine ganze kleine heile Welt zerborsten war? Ich setzte Lukas still in sein Stühlchen, hob den Hörer empor und legte ihn sacht wieder zurück, drehte die Kochplatte aus und verließ die Küche.

Birte erwischte gerade noch ein Schürzenband.

»Mutter! Bitte, ich möchte mit dir in Ruhe reden. Es war ungeschickt von mir, dich mit meinem ganzen Frust zuzuschütten. Aber ich habe ihn so lange in mir aufgestapelt, daß er unkontrolliert aus mir herausgeplatzt ist. Komm, wir setzen uns auf die Couch und ich sage dir in Ruhe und mit netteren Worten, was mich belastet.«

Sie erzählte und ich hörte zu. Anfangs nur widerwillig und mit halbem Ohr, denn in der anderen Hälfte tobte die Anklage. Ich hatte es doch nur gut gemeint. Zu gut? Ohne Achtung vor dem

Wunsch der jungen Familie nach Eigenständigkeit? Ohne zu überlegen, daß aus meiner kleinen Tochter eine gestandene Frau und Mutter geworden war? Ohne Rücksicht auf den berechtigten Wunsch von Helmut, beim Heimkommen seine Frau ohne schwiegermütterliche Aufsicht in den Arm nehmen zu können?

Die Fakten sprachen für sich. Aber die Emotionen hatten alles überlagert. Birte hatte zu lange geschwiegen, um mir nicht weh zu tun. Und ich hatte zu lange agiert, ohne nachzudenken.

In den nächsten Monaten gingen wir vorsichtig miteinander um. Ich war zurückhaltender geworden, mied die obere Etage. Dafür kam Birte jetzt öfter nach unten. »Du sollst doch nicht unter Entzugserscheinungen leiden«, lächelte sie. „Lukas braucht seine Omi.«

Als er zu krabbeln begann, holte ich den alten Laufstall hervor. Birte wehrte ab. »Das tut man heute nicht mehr. Lasse ihn krabbeln wie er will. Nur aufpassen, daß er sich nirgendwo wehtut.« Die Aufsicht über den emsigen Krabbelkünstler war anstrengend. Als Lukas laufen konnte, wurde das Hüten zum Abenteuer. Zum ersten Mal merkte ich mein Alter. Ich war keine junge Mutter mehr, die mit den trippelnden Kinderfüßchen Schritt halten konnte. Ich war eine flügellahme Glucke. Die Frau in mir fragte sich nach vielen Jahren zum ersten Mal, was sie denn für sich selbst getan hatte während ihres langen Mutter- und Hausfrauendaseins. Die Bilanz fiel, wie vorweg beschrieben, mager aus. Aber der Auslöser für eine Veränderung war Lukas mit seinem »Omi dumm.«

Mit 54 Jahren hatte ich gedacht, nur ein Enkelchen könnte meinem Leben einen neuen Inhalt geben. Mit 55 zwang mich Birtes Anklage zur Auseinandersetzung mit mir selbst. Mit 56 Jahren begann ich, das Lernen wieder neu zu lernen. Ich erklärte meinem Mann, daß ich in der Volkshochschule meine Englischkenntnisse aufbessern wollte und belegte statt dessen heimlich einen Computerkurs. Es waren überwiegend Frauen in meinem Alter, die es wagten, sich dem Ungeheuer namens Rechner zu nähern. Zum Glück waren sie alle Neulinge, alle gleich dämlich wie ich. Mit dem Lehrer hatten wir Glück. Mit himmlischer Geduld erklärte, ermunterte, tröstete er seine kleine Herde, die nicht kapieren wollte, warum ein Text »Datei« heißt, das »Menu« nicht unbedingt etwas mit einer Speisenfolge zu tun hat und Pfeile *Cursor* genannt sein wollen. Wir schimpften auf den doofen Rechner, der nicht einmal bis zwei zählen konnte und uns trotzdem unsere Grenzen aufzeigte. Ganz langsam begann ich, sie zu überwinden. Aber das hatte ungeahnte Folgen. Denn nach und nach juckte es mir in den Fingern, auch zu Hause zu üben. Selbstverständlich auf dem Computer meines Mannes. Womit ich ahnungslos ein familiäres Erdbeben auslöste. Ich heiße ja nicht Lukas und darf ungehemmt klickklickklick machen. Was bei ihm unter niedlich eingestuft wird, heißt bei mir Unfähigkeit. Ich liebe diese Unfähigkeit. Denn verbunden mit der Angst meines Mannes vor gelöschten Dateien und vorwitzigen Fingern bescherte sie mir einen eigenen Computer.

Meine kleine Gluckenwelt bekam ein neues Gesicht. Es zeigte sich in Menschen, die ich bei den Kursen kennenlernte. Es zeigte sich in Gesprächen, die sich nicht mehr nur um Haushalt und Kindererziehung drehten. Es zeigte sich in Büchern, die ich nicht nur zum Staubwischen, sondern auch wieder zum Lesen in die Hand nahm. Es zeigte sich in den frohen Mienen der jungen Eltern, denen ich nicht mehr mit meiner übertriebenen Fürsorge ins Zimmer und auf die Nerven fiel. Nur mein Mann kann sich noch nicht damit abfinden, daß die Glucke begonnen hat, ihr Gefieder zu putzen und das Fliegen lernt.

DIANA: DIE GRAND-MÈRE

Wir hatten fast bis Mitternacht gearbeitet, meine Tochter Madeleine und ich. Aber jetzt war alles für den morgigen Empfang vorbereitet. Entspannt schlenderten wir mit einem Glas Sekt in der Hand durch die Räume.

»Ich bin überzeugt, daß deine prominenten Kundinnen dir die Boutique leer kaufen werden. Du hast eine tolle Kollektion zusammengestellt«, lobte meine Tochter.

»Aber du hast ihr den richtigen Rahmen gegeben«, gab ich das Kompliment zurück. »Nimm dort das naturfarbene Leinenensemble, das erst inmitten der Strohballen und Schnattergänse seinen ländlichen Charme entfaltet. Oder das champagnerfarbene Abendkleid vor dem modernen Acrylbild und umgeben von gelben Teerosen und weißen Lilien, da ist Spannung drin, da knistert nicht nur die reine Seide. Ach Lennie, ich könnte die teuersten Modelle prominenter Modeschöpfer einkaufen – zur Wirkung brauchen sie den richtigen Rahmen, und den schaffst du mit deiner kreativen Phantasie. Apropos Rahmen. Wo hast du denn das alte Sprossenfenster aufgetrieben? Sollten wir das nicht ins Schaufenster hängen?«

»Moment, Mama, wir haben doch noch Fotos vom letzten Schützenfest. Die kleben wir als Blickfang hinter die kleinen Scheiben. Und das große Plakat garnieren wir mit dem Schützenhut und legen es neben die Trachtenjacke.«

Lennie und ich lachten uns an und stellten die Sektgläser beiseite.

»Wir finden kein Ende. Das Fenster machen wir noch fertig, aber dann ist Schluß. Sonst bist du morgen nicht fit, wenn deine Freundin sich mit ihrem Hofstaat die Ehre gibt.«

Madeleine hatte recht. Es war das erste Mal, daß die weibliche Schützenprominenz sich in meiner Boutique zum Einkauf angesagt hatte. Deshalb wollte ich auch etwas Besonderes daraus machen.

»Du hilfst mir doch morgen bei den Getränken und dem Anbieten der Canapés, ma petite?«

»Naturellement, ma mère. Wir werden doch unsere nervöse Mama nicht allein lassen«, beruhigte mich meine Tochter. »Und jetzt«, setzte sie hinzu, »jetzt machen wir den Laden dicht und trinken nebenan bei Luigi noch einen Espresso. Einverstanden, Maman?«

Wenn Madeleine die französische Version von Mama ins Treffen führte, war das für mich das Signal: keine Widerrede, was ich sage, geschieht zu deinem Besten.

Madeleines Vorliebe fürs Französische kommt nicht von ungefähr. Sie hat, nein, sie hatte einen Franzosen zum Vater. Als ich nach meinem Studium als Textilingenieur meine erste Stelle in einer französischen Farbenfabrik antrat, wurde Paul mein Chef. Es war Liebe auf den ersten Blick. Nach sechs Monaten heirateten wir. Ein Jahr später kam Madeleine zur Welt. Ich gab meinen Beruf auf, um ganz für meine kleine Familie dazusein. Dreizehn Jahre Glück waren uns vergönnt. Dann starb mein Mann. Autounfall. Selbst nach jetzt ebenfalls dreizehn Jahren kann ich noch nicht ruhig darüber sprechen. Damals zog ich mit meiner Tochter zurück in meine niederrheinische Heimat. Vor zehn Jahren übernahm ich in unserer aufstrebenden kleinen Stadt ein biederes Wäschegeschäft. Rückblickend kann ich sagen: Ich habe was draus gemacht. Dabei half mir nicht nur meine textile Ausbildung. Auch mein persönlicher Hang zur Eleganz sprach ein Wörtchen mit, als ich nach und nach internationalen Modeschick in unser Städtchen holte. Die Landhausmode ist das jüngste zweite Standbein. Im Angebot zusammen mit hochwertiger anderer Markenmode verspreche ich mir einigen Erfolg. Denn unsere Kleinstadt ist führend im Schützenbrauchtum. Natürlich legen die Damen der Herren Bruderschaftler Wert auf ausgefallene Garderobe. Es spricht sich rund, daß man in Dianas Modeboutique fündig wird.

Sie wurden am nächsten Tag tatsächlich fündig, Königin Kerstin und ihre beiden Ehrendamen. Die Auswahl fiel ihnen schwer.

»Was meinst du, paßt dieses lindgrüne Abendkleid mit dem Seidenglanz zu meinem Typ? Oder soll ich lieber das flippige Stufenkleid mit der Silberstola nehmen? Oder vielleicht beides? Das eine für den Ball, das andere für den Empfang? Und für den Montag das Leinenensemble im Landhauslook?«

Ich erklärte, riet ab oder zu, freute mich am guten Geschmack meiner Kundinnen und genoß die Komplimente über »die ausgezeichnet zusammengestellte Kollektion mit dem entscheidenden Pfiff.« Madeleine und ihr Freund Kai füllten immer wieder die Sektgläser und reichten Canapés mit Lachs und Aal.

»Du hast den Einkaufsnachmittag zu einem kleinen Fest für uns gemacht«, lobte Kerstin, als alle Kleider verpackt, die Rechnungen geschrieben, die EC-Karten gezückt, die Beträge beglichen waren. »Eigentlich habe ich einen Horror vor dem Streß mit der Kleidersuche. Schließlich ist es ja schon das zweite Mal, daß mein brauchtumsverrückter Mann Schützenkönig ist. Nächstes Jahr will er es noch einmal versuchen. Dann wäre er Schützenkaiser.«

»Darauf müssen wir anstoßen«, meinte meine Tochter und füllte die Gläser aufs Neue.

»Du hast eine tolle Hilfstruppe. Danke für die aufmerksame Bedienung. Natürlich seid ihr alle drei zum Königsball eingeladen. Und deine Boutique werde ich weiter empfehlen. Sie hat Atmosphäre.«

Beschwingt vom Lob und vom Sekt begleitete ich meine zahlungskräftige prominente Kundschaft zu ihren Autos, während Lennie und Kai halfen, die ausladenden Tragetaschen zu verstauen. Es war für mich beeindruckend, mit welcher Nonchalance die Damen die Tausender sozusagen aus der Portokasse ihrer Männer beglichen.

»Heute abend seid ihr meine Gäste. Ich lade euch zu einem opulenten Abendessen ein«, wandte ich mich an Madeleine und Kai. Die beiden zwinkerten sich vielsagend zu. Ich stutzte.

»Ist was? Habe ich etwas falsch gemacht?«

Meine Tochter nahm mich in den Arm und gab mir einen Kuß auf die Wange. »*Maman*, du warst großartig. Danke für die Einladung. Aber Kai hat heute Abend einen beruflichen Termin. Was hältst du davon, wenn wir beide uns bei Luigi eine Pizza mitnehmen und es uns bei dir zu Hause gemütlich machen? Das gemeinsame Essen vertagen wir aufs Wochenende.«

Natürlich war ich einverstanden. Es war selten genug, daß ich meine Tochter einmal ganz für mich allein hatte. Nachdem Kai sich verabschiedet hatte, besorgten wir uns die Pizza und nahmen noch eine Flasche Rotwein mit. Es waren nur ein paar Schritte bis zu meiner kleinen, aber gemütlichen Penthouse-Wohnung. Das Mobiliar war eine Mischung aus Ererbtem und Erworbenem: Geschnitztes Weichholz neben gebürstetem Stahl, niederrheinische

Aquarelle neben von Lennie gemalten abstrakten Acrylbildern. Ein schwarz angelaufener silberner fünfarmiger Kerzenleuchter spielte Kontrast zu dem Mitbringsel aus Mund geblasenem Muranoglas und den beiden meterhohen coolen Ständern aus verrostetem Eisen.

Lennie teilte mein Faible für romantische Stunden. Sie holte die alten Rotweingläser aus der Vitrine, zündete sämtlich Kerzen an und ließ Roger Whittacker schmusen. Ich kuschelte mich in die Couchecke und genoß die seltene Verwöhnstunde. Mit meiner Wohnung hatte ich mir eine kleine Oase geschaffen als Pendant zur Boutique. Ich brauchte das „Mon Repos“ ebenso wie den anregenden Umgang mit den Kundinnen. Nach dem tiefen, schwarzen Loch, in das ich nach dem Unfalltod meines Mannes gestürzt war, genoß ich jetzt die berufliche Anerkennung. Ich war rundum zufrieden mit meinem derzeitigen Leben und sah positiv in die Zukunft, in der meine Tochter Madeleine die Hauptrolle spielte. Wir wohnten getrennt, aber im gleichen Ort. Madeleine sollte meine zukünftige Geschäftspartnerin werden. Sie war die Lebensgefährtin des aufstrebenden jungen Architekten Kai Bongartz.

»Schläfst du, Mama?«

»Nein, ich habe nur ein bißchen geträumt. Anfang nächsten Jahres werden die Geschäftsräume neben meiner Boutique frei. Wenn du bis dahin dein Diplom als Textildesignerin geschafft hast, könnten wir sie anmieten, und du steigst als Geschäftspartnerin bei mir ein.«

Madeleine sah nachdenklich in ihr Weinglas, nahm vorsichtig einen kleinen Schluck, drehte das Glas in den Händen, stellte es schließlich schweigend auf den Couchtisch zurück. Ein ungutes Gefühl kroch in mir hoch. Forschend sah ich meine Tochter an.

»Du sagst gar nichts zu meinem Vorschlag? Gefällt er dir nicht?«

»Eigentlich schon. Aber wir müssen ihn vorerst auf Eis legen.« Lennie schlang die Arme um meine Schultern, zog mich leicht an sich und sagte den inhaltsschweren Satz:

»Freu dich Mama, ich bin schwanger.«

Abrupt richtete ich mich auf, so daß aus Nähe Distanz wurde.

»Sag das noch einmal.«

»Ich bekomme ein Kind. Kai und ich werden Eltern. Und du wirst Oma.«

»Ich und Oma? Soll das ein Witz sein? Und wieso bist du schwanger? Ich denke, das wäre nach deiner Eierstockoperation vor zwei Jahren so gut wie ausgeschlossen?«

»Das sagte der Arzt. Damals. Jetzt sagt er das Gegenteil. Freu dich doch mit uns, Maman.«

Ich sollte mich freuen, wenn meine tollen Zukunftspläne in einem Kinderwagen verschaukelt wurden? Wenn ich meine kleine Lennie, das Einzige, das mir aus meiner Ehe geblieben war, endgültig an einen Mann verlor? Sie würde ihre eigene Familie aufbauen. Ich würde Randfigur. Tränen schossen mir in die Augen.

»Du bist doch noch viel zu jung«, schluchzte ich.

»Aber Maman, du warst 24, als ich geboren wurde, ein Jahr jünger als ich. Hat deine Mutter sich damals auch so aufgeregt wie du jetzt?«

Ich stutzte. »Deine Großmutter war auch ein richtiger Omatyp. Rundlich, betulich, Hausfrau eben. Das wirst du mir nicht nachsagen können.«

Lennie lachte, zog mich von der Couch hoch und vor den großen Garderobenspiegel im Flur. »*Voilà*, wen haben wir denn da? Eine attraktive fast 50-Jährige. Schlank, elegant, mit einer aparten Strähne im kupferfarbenen Naturhaar, ein paar Lachfältchen um die Augen und einem Gesicht, das Daseinsfreude und Lebenserfahrung ausstrahlt. Das Enkelchen wird stolz auf seine junge Oma sein.«

»Sag' bloß nicht Oma zu mir«, bockte ich.

»Wie wäre es denn mit Grand-mère, meine französische Maman?« lächelte Madeleine und führte mich ins Wohnzimmer zurück. Die Kerzen flackerten leicht, die Musik war verstummt, der Wein schimmerte blutrot.

»Ich brühe uns einen doppelten Espresso«, sagte Madeleine und verschwand in Richtung Küche. Zeit zum Nachdenken. Mein entsetztes Ich wechselte zum nachdenklichen Du. Meine Tochter reifte zur Mutter. Wieso nahm ich mir das Recht, dagegen zu opponieren? Warum dämpfte ich mit meinem Egoismus Lennies Freude auf ein Kind? Ja, ich hatte von einer gemeinsamen beruflichen Zukunft geträumt. Aber hatte Lennie jemals mitgeträumt? Ich erinnerte mich, wie deprimiert sie damals gewesen war, als sie nach ihrer Operation erfuhr, daß ihre Chancen auf eine Schwangerschaft gleich Null seien. Damals hatte ich sie getröstet, daß das Leben noch andere Werte bereit halte. Und Kai hatte sie in den Arm genommen und gemeint, daß ein Kind nicht unbedingt zu seiner Lebensplanung gehöre und ihre Beziehung noch viel zu jung und instabil für eine Elternschaft sei.

»Der Espresso, s'il vous plait.« Schweigend tranken wir die schwarze Köstlichkeit. Schweigend räumte Madeleine Tassen und Gläser ab und brachte sie in die Küche. Ich folgte ihr.

»Sollen wir spülen?« Die einfach Frage weckte Erinnerungen. Denn die gemeinsame häusliche Tätigkeit war früher oft der Aufhänger für kritische Mutter-Tochter Gespräche gewesen. Auch jetzt erwies sich das Tun, das die Hände beschäftigte und die Augen ablenkte, als Konflikthelfer.

»Was sagt eigentlich Kai dazu, daß aus eurem Duo ein Trio wird?«

»Er ist ganz närrisch vor Freude.«

»Vor zwei Jahren meinte er aber, daß ein Kind eure Beziehung belasten könnte.«

»Inzwischen hat sich unsere Beziehung stabilisiert.«

»Werdet ihr heiraten?«

»Gute Frage, nächste Frage.«

»Braucht ihr eine größere Wohnung?«

»Wir haben eine in Aussicht. Aber ich bin unsicher, ob ich zustimmen soll.«

»Warum?«

»Es gibt im gleichen Haus eine Dame, die nicht Großmutter werden möchte.«

Ich stutzte. »Gehört zu besagter Wohnung ein Ladenlokal?«

»Hmm, das ist unser Problem. Denn was sollen wir mit diesem Raum? Aber wir hoffen, daß uns die besagte Dame mit dem Großmutterkomplex aus der Patsche helfen wird und den Laden mietet. Könntest du ihr nicht gut zureden?«

Lennie weidete sich lächelnd an meiner Fassungslosigkeit. Sie nahm mir das Geschirrtuch aus der Hand, tupfte damit meine Tränen ab und gab mir einen herzlichen Kuß. »Einverstanden, werdende Grandma?«

Ich konnte nur nicken. Die antike Uhr im Wohnzimmer schlug Mitternacht. Ein neuer Tag begann.

Ihm folgten viele Tage und Wochen anstrengender Arbeit. Ich war mit der Planung für die Winterkollektion beschäftigt, Madeleine mit ihrer Diplomarbeit. Sie strebte danach, noch vor der Geburt ihres Kindes ihr Studium abzuschließen. Verständlich, aber ihre Hilfe fehlte mir. Eine Hilfskraft mußte her. Madeleine empfahl mir eine Designstudentin, die auf der Suche nach einem Nebenjob war.

Anna erwies sich als ein Glücksfall. Ihr Charme bezauberte meine älteren Kundinnen, ihre Jugend lockte junge Kundschaft in die Boutique. Nur Madeleines künstlerische Begabung, die war nicht zu ersetzen und fehlte mir.

Es wurde Herbst, und ich stand etwas ratlos vor dem ausgeräumten Schaufenster, als eine strahlende Madeleine mir von außen zuwinkte. Eine Minute später war sie im Laden, stand stramm, soweit das bei ihrem gewölbten Bäuchlein möglich war und jubelte: »Gestatten: Diplomingenieur Madeleine. Examen mit 1,3 bestanden.«

»Lennie! Gratuliere! Aber warum hast du mir den Prüfungstermin verschwiegen?«

»Weil du zur Zeit genug andere Dinge am Hals hast und dich nicht unnötig aufregen solltest. Du siehst ja, alles hat bestens geklappt. Aber sage mir, warum du so unentschlossen in die leere Auslage geguckt hast? Du standest da wie deine eigene Schaufensterpuppe.«

»Mir fällt keine zugkräftige Dekoration ein. Darum.«

»Aber Maman, das ist doch ganz einfach. Die aktuellen Modefarben sind rostbraun und winterweiß. Also besorgen wir uns Herbstlaub, das liegt jetzt überall herum, dazu Zweige, Nüsse, Eicheln und Obst, Strohgänse und als Reminiszenz an den Winter Styroporschnee und Schneehasen. Compris?«

»Lennie, du bist Spitze! Was soll ich nur anfangen ohne deine tollen Ideen?«

»Aber Mama, die bleiben doch durchs Kinderkriegen nicht auf der Strecke. Im Gegenteil! Wenn wir in der neuen Wohnung über dem Laden heimisch sind und unser Nachwuchs anfängt, die Welt zu entdecken, dann werde ich auch wieder aushelfen. Aber gönne mir zuerst die Zeit, mich mit dem neuen Leben vertraut zu machen. Und jetzt besorge ich besagtes Dekorationsmaterial, und du hüllst deine Schaufensterdamen in ihre neuen Gewänder.«

Am Abend waren wir fertig. In jeder Beziehung. Ich schlug ein gemeinsames Abendessen vor. Meine Tochter bedachte sich eine Weile, blinzelte mir verschmitzt in die Augen und vertagte den Termin auf den kommenden Freitag. »Dann laden Kai und ich dich zu einem aufwendigen Souper ein. Wir müssen doch« – ein rätselhafter Augenaufschlag – »wir müssen doch meinen Dipl.-Ing. feiern. Mach dich hübsch. Es wird sich lohnen.«

Am Freitag stand die werdende Oma, die absolut nicht so heißen wollte und auch nicht so aussah, vor dem Spiegel und machte sich fein. „Grandma" zu heißen, damit könnte ich mich anfreunden, dachte ich. Wie werdendes Leben keimte in mir die Freude auf mein erstes Enkelkind. Dabei ertappte ich mich bei dem unbehaglichen Gefühl, daß dieses Kind ein nicht Eheliches sein würde. Ich nannte mich altmodisch, engstirnig, vorgestrig. Heiraten ist out. So mein Verstand. Heiraten wäre schön. So mein Herz. Es wünschte meiner Tochter ein bürgerliches Glück, wie ich es in meiner Ehe gefunden hatte. Es wünschte meinem Enkelkind Vater und Mutter. Verheiratet, nicht liiert. Was würde werden, wenn die Partnerschaft zwischen Kai und Madeleine zerbrach? Wenn Lennie sich neu orientierte und mein Enkelkind einen Stiefvater bekam?

»Auf alle Fälle hat es eine Großmutter«, dachte ich trotzig. In dem Moment wurde mir bewußt, daß ich den Familienzuwachs innerlich akzeptiert hatte.

Der Tisch in Jeffs Restaurant war festlich gedeckt. Madeleine und Kai warteten schon. In einem hohen Gefäß duftete ein Gesteck aus roten Rosen und Myrthenzweigen.

Myrthen?

Auf meinem Gedeck lag eine prachtvolle Orchidee. Zum Aperitif gab es Kir Royal. Die Gläser stießen leise klingend aneinander. Ich holte Luft, um meinen Glückwunsch zum bestandenen Examen loszuwerden, als Kai mir leicht die Hand auf den Arm legte.

»Sie dürfen uns beiden gratulieren. Madeleine und mir. Wir haben heute geheiratet.«

Lennie rettete mein Sektglas und Kai meinen teuren Schal. Sekundenlanges Schweigen. Knisternde Spannung. Zwei besorgte Augenpaare. Ich schluckte. Schluckte entschlossen die Enttäuschung über die heimliche Trauung hinunter.

»Für Überraschungen wart ihr schon immer gut«, lächelte ich mühsam. »Aber warum habt ihr mir nichts gesagt?«

»Weil die Eheschließung für uns eine reine Formsache ist, die wir ohne großen Aufwand erledigen wollten. Eigentlich finden wir eine Trauung total überflüssig, meinte Kai. »Aber ein Kind ändert eben vieles.«

»Sei nicht traurig, daß du nicht dabei warst. Es war nur eine Unterschrift, sonst nichts. Wir wollten keine Sentimentalität, keine Öffentlichkeit ...«

»Und keine Mutter.« Jetzt kam doch Bitterkeit in mir hoch.

»Doch. Ich wünsche mir eine Mutter wie Sie.« Kai hob mir sein Glas entgegen. »Darf ich auch Maman zu dir sagen?«

»Was seid ihr für eine widersprüchliche Generation. Nüchtern wie eine mathematische Gleichung und doch voller Sehnsucht nach Liebe. Oui, mon fils. Ich will versuchen, dir eine Mutter zu sein.«

Als ich den langen Abend in meiner kleinen Wohnung allein für mich ausklingen ließ, gab ich meiner Enttäuschung Raum, sich auszutoben. Oder besser: sich mit meinem Verstand auseinander zu setzen. Nach dem zweiten Espresso stand es unentschieden. Nach einem anschließenden Cognac war daraus ein Sieg für das junge Paar geworden. Es hatte Vorrang und ich – Pardon – die verdammte Pflicht, ins zweite Glied zurückzutreten. Adieu ma Petite. Merci für 25 wunderschöne Jahre. Ab heute gehörst du zu deinem Mann. Ich ging zu Bett. Vor dem Einschlafen, schon halb im Traum hörte ich noch einmal Kais Bitte: »Darf ich Maman zu dir sagen?« Und noch leiser Madeleines Stimme: »Es soll Paula heißen, als Hommage an Papa Paul ...«

Im Dezember kam Paula zur Welt. Ende Januar zog die junge Familie in die neue Wohnung. Zwei Monate später mietete ich den frei gewordenen Ladenraum, benutzte ihn aber vorerst nur als Lager. Für eine Geschäftserweiterung fehlten mir Schwung und Zeit. Denn aus der engagierten Kauffrau war eine ebenso engagierte Großmutter geworden. Paulinchen hatte mich nicht, wie befürchtet, zur Matrone gemacht. Im Gegenteil. Ich fühlte mich jünger als je zuvor und mußte mich beherrschen, meinen reaktivierten Muttertrieb im Zaum zu halten. Paula hatte Kais blaue Augen. Ihre zarten Fingerchen konnten fest zupacken. Sie lernte früh sprechen. Mit acht Monaten zupfte sie mich kräftig am Haar und krähte »Ama.« Kai war ein total närrischer Vater und Madeleine eine liebevoll-energische Mutter. Ich respektierte die glückliche Dreisamkeit und vermied es ganz bewußt, »mal eben« die zwei Treppen zur ersten Etage hinaufzulaufen. Deshalb entging mir auch, daß meine Tochter ganz vorsichtig begonnen hatte, ihrer alten Kreativität Zucker zu geben. Ich freute mich zwar an Paulinchens lustigen Höschen und Jäckchen, fragte auch einmal ahnungslos, wo es diese Kinderkleidung denn zu kaufen gäbe, bekam aber keine klare Antwort.

Inzwischen war Kerstins Mann zum Schützenkaiser avanciert.

Wieder hatte die weibliche Schützenelite meine Boutique fast leer gekauft und mich dabei an meine damaligen Pläne erinnert.

»Ich sollte endlich den zweiten Raum renovieren und meine Kollektion erweitern«, meinte ich nachdenklich, als wir am Abend von Paulinchens Geburtstag zusammen saßen. »Was meinst du, Kai, gibst du Lennie ab und zu Urlaub und mir die Chance, zusammen mit ihr die Boutique auszubauen?«

Kai und Madeleine sahen sich lächelnd an. »Habt ihr wieder eine Überraschung in der Hinterhand«, fragte ich mißtrauisch.

»Hmm, könnte sein. Was hältst du von ›Paulinchens Kinderladen‹?«

Meine Tochter überließ mich meiner Verblüffung, ging ins Nebenzimmer, kam mit einem großen Karton zurück und stellte ihn mit Schwung vor meine Füße.

»*Voilà*, meine erste Kollektion. Handmade by Madeleine B.«

Mit spitzbübischem Lächeln breitete meine Tochter »Paulinchens Kleiderladen« vor mir aus. Latzhöschen aus Jeansstoff mit lustigen Bärchenapplikationen; Karojäckchen mit Minikapuze; und als Nonplusultra ein süßes Minidirndl für den weiblichen Nachwuchs der Schützenpapas.

»Ich habe auch schon Kontakt zu einer Firma aufgenommen, die die Sachen für mich nähen wird. Und die Vorführdame für meine erste Kindermodenschau schläft nebenan. Mir fehlen nur noch ein Geschäftsraum und eine Direktrice, die aushilft, wenn Paulinchen ihre Mama braucht ...«

Ich dachte an meine Träume, meine Enttäuschung, meine Ängste, meine Tränen – und war glücklich.

MARIA: OMA RIA

Skispringen. Vierschanzentournee in Oberstdorf. RTL überträgt live. Gebannt sitze ich vor dem Bildschirm. Wann kommt er denn endlich? Nein, nicht der Martin oder der Sven oder der kommentierende Dieter. Ich warte mit vorgebeugtem Kopf und wippenden Zehen auf den Kameraschwenk ins Publikum. Werde ich ihn sehen? Wird er winken? Pfui, Frau Holle, warum läßt du das Putzwasser rinnen statt Betten zu schütteln? Aber jetzt! Das Fernsehbild wechselt von der Schattenbergschanze ins Publikum. Wo unter den vielen tausend Regenschirmen und Baseballmützen steckt er denn? »Ganz vorne an der Absperrung«, hat sein Vater mir am Telefon versichert. Aber der Kameramann weiß nicht, daß im weit entfernten Mönchengladbach eine ungeduldige Oma darauf wartet, via Bildschirm einen Gruß ihres Enkels Moritz zu erhaschen. Nichts. Das Springen geht in seine entscheidende Phase, und da ist kein Spielraum mehr für das Einfangen von Zuschauergesichtern. Trotzdem harre ich aus.

»Pscht«, mache ich warnend, als es klopft und auf mein Herein Schwester Adelgundis den Kopf zur Tür hereinstreckt.

»Frau Maria, die Damen vom Rommékreis werden ungeduldig.«

»Ich habe ihnen doch gesagt, daß ich diesmal nicht mitspiele. Ich muß doch Skispringen gucken.«

»O-Maria, unten warten die Damen auf Sie, und Sie warten hier oben auf Enkel Moritz, der sich rar macht. Geben Sie doch auf.«

»Ich habe noch nie aufgegeben. Weder mich noch die Hoffnung. Das wissen Sie, sonst wäre ich nicht hier. Hurra, hurra! Sehen Sie, da, der Junge mit dem Papierhelm auf dem Kopf. Das ist er. Und was steht auf dem Helm?? Moritz grüßt Oma Ria!! So ein Lausejunge. Heute Abend muß ich ihn unbedingt anrufen und ihm sagen, daß er live im Fernsehen war. Sagen Sie den Rommédamen, heute sollen sie ohne mich spielen.«

Schwester Adelgundis lacht und verläßt den Raum. Sie kennt

mich und mein Leben, das mich in den letzten Jahren gewaltig durcheinander gewirbelt und bis ins Altenstift St. Anna geführt hat. Der Umbruch begann, als Moritz mit sechs Monaten Halb-«Waise« wurde, weil seine Mutter ihn Knall auf Fall verließ. Sie konnte zwar Kinder zur Welt bringen – Moritz war immerhin ihr Drittes von zwei Männern –, aber sie auch zu behüten und zu erziehen war nicht ihr Ding. Ich hatte meinen Sohn Fred vor Mariann (»bitte ohne e«) gewarnt, aber seit wann hören Söhne auf die Ratschläge einer besorgten Mutter, wenn attraktive Frauen mit dem Bettzipfel locken? Freds Lebensabschnittsgefährtin hatte zuviel Charme für einen einzelnen, was Fred leidvoll erfahren mußte. Er war der Konkurrenz eines Popmusikers einer heimischen Band nicht gewachsen. Mariann wechselte den Partner und ließ Moritz als »Souvenir« zurück. Ein Geschenk, das sein Vater um nichts auf der Welt wieder hergegeben hätte und für das er auch problemlos das Sorgerecht erhielt. Vater mit Kind und Beruf. Oder Vater mit Beruf und Kind? Oder Beruf mit Vater und Kind? Was bei diesem Wort-Wechsel-Spiel herauskam war Vater mit Beruf und Oma mit Kind.

Das war vor sechs Jahren, und ich stolperte genau so bedenkenlos in meine neue Rolle wie damals Fred in seine Kurzzeitbeziehung mit Mariann. Moritz hatte ihre strahlend blauen Augen (deren Farbton sich auch nach der Säuglingszeit nicht änderte) und in den Genen einen Schuß Wilhelm Busch. »Habäh, so tönt sein Wehgeschrei«, das war, als ich lernte, nicht mit Mullwindeln, sondern mit Wegwerfhöschen umzugehen. Aber Babys, die erst ein halbes Jahr Lebenserfahrung haben, sind pflegeleicht, und deshalb merkte ich in dieser Phase noch nicht, was ich mir mit meinem »Ja zum Kind« angetan hatte.

Damals war ich 55 Jahre und seit zwei Jahren Witwe. Mein Mann, wesentlich älter als ich, hatte mir zwar eine hochprozentige Lebensversicherung hinterlassen, aber Geld machte mich nicht glücklich, jedenfalls nicht in dieser Lebensphase. Es sicherte mir meinen zukünftigen Lebensabend, aber der Tod meines Mannes nahm mir alle Lebensfreude. Ich krankte am Heimweh nach dem Verlorenen. Ich brauchte eine Aufgabe und fand sie vor gut einem Jahr im Verkauf von Zeitschriften, Tabakwaren, Lottoscheinen, Süßigkeiten in Kombination mit guten Ratschlägen und kleinen Dienstleistungen an Kinder. Im Klartext: Ich übernahm einen Kiosk gegenüber einer Grundschule. Damit wurde ich ein Jahr, bevor ich es de facto wurde, ehrenhalber zur »Oma Ria.«

»Wie heißt du«, fragte mich ein Dreikäsehoch, der kaum mit seiner Nase bis an die Außentheke reichte, aber schon alle Comics auf den Werbeständern identifizieren konnte.

»Maria.«

»Ich habe eine Oma, die heißt auch Maria. Aber ich nenne sie nur Oma Ria. Du siehst fast so aus wie sie, und wenn du mir aus dem Glas hinter dir fünf Gummibärchen gibst, bist du auch so lieb wie sie.«

So begann mein Aufstieg von der Zeitungsverkäuferin zur Oma Ria.

»Oma Ria, Mama hat mich ohne Frühstück zur Schule geschickt. Aber ich habe Hunger. Haste nicht was dafür?«

»Oma Ria, ich habe nur eine Mark. Aber das Eis kostet viiiieeel mehr. Den Rest bringe ich dir morgen, wenn ich mir den Zaster besorgt habe.«

»Oma Ria, heute mag ich gar nicht essen und auch nicht lernen. Ich bin ganz traurig. Meine Eltern wollen sich scheiden lassen. Weißt du, wie das ist? Dann zanken sie sich nicht nur untereinander, sondern auch um mich. Vielleicht haue ich ab.«

Hinter den kurzen Sätzen verbargen sich Schicksale, die ich nicht so einfach wegstecken konnte. Ich hörte mir geduldig die kindlichen Sorgen an, hinter denen meistens das Versagen der Erwachsenen steckte. Ich hatte mir angewöhnt, immer Müsliriegel und Obst bereit zu haben als Tröster für vernachlässigte Kinderseelen und hungrige Mägen. Ich lernte zu unterscheiden zwischen echter und angeblicher Not.

»Mit der brauchste erst gar nicht zu verhandeln, die läßt sich nicht aufs Kreuz legen, die beißt zurück«, so die Charaktereinschätzung von zwei 12-Jährigen, die mit ihrer Bettelei bei mir keinen Erfolg hatten.

Die Arbeit im Kiosk wurde nach und nach mehr als eine Trauerbewältigung mit bescheidenem Broterwerb. Sie wuchs mir ans Herz. Und mein Herz sagte auch ohne zu zögern Ja, als Marianne ohne e meinen Fred mit Säugling sitzen ließ und mein Sohn verzagt bei mir anklopfte und um Hilfe bat. Ich richtete den Raum hinter dem Kiosk, bisher mein Allzweckzimmer für den Tagesbetrieb, mit Tragebettchen und Wickeltisch als »Kinderzimmer« her.

»Richtig nett«, meinte Fred, als er das Provisorium inspizierte. Er zimmerte mir noch ein Regal für Babys Tagesbedarf an Fläschchen, Töpfen, Tiegelchen und Gläschen und überließ uns unserem Schicksal. Das war ziemlich dunkel, denn das kleine Zimmer hatte auch nur ein kleines Fenster, das auf einen ebenso kleinen dunklen Hinterhof hinausging. Bisher hatte ich das fehlende Sonnenlicht nicht vermißt, weil ich mich überwiegend am Kiosk aufhielt. Auch Moritz vermißte es nicht, so lange er schlief, aber das tat er in den nächsten Monaten immer weniger. Denn aus dem Säugling wurde ein Baby und aus dem Baby ein Krabbelkind. Ich holte den alten Laufstall aus dem Keller, dem Fred ein neues Make-up verlieh. Moritz probierte daran seine werdenden Zähnchen aus. Mit dem Abgeknabberten fütterte er seinen Teddy.

»Moritz, du kleines Ferkel.«

»Teines Terkel«, kam das fröhliche Echo. Ich schlug mir schuldbewußt auf den Mund, säuberte Teddy und sein Herrchen, setzte ihn samt Quietschente und Bauklötze in den Laufstall zurück.

Da! Und da! Und da! Und da! Übte Moritz für eine Handballerlaufbahn? Denn schwuppdiwupp lag alles Spielzeug wieder außerhalb des Laufstalls.

»Großmütterchen tut alles gern für Moritz ihren kleinen Herrn.« Es mußte doch wohl was dran sein mit den Genen des Wilhelm Busch. Auch das Gebrüll verriet die Lust an heiterer Lebensgestaltung. Denn Bube Moritz verlange lautstark, das nette Wurfspiel fortzusetzen. Aber Oma Ria hatte nicht nur ein Enkelchen zu versorgen, sie hatte auch Kundschaft, die bedient sein wollte.

»Hat der was?« erkundigte sich Frau Sidliwutz und sah besorgt in den dunklen Hintergrund. Das Gebrüll war in ein klägliches Weinen übergegangen. Mit einem hastigen »Entschuldigung« ging ich der Ursache nach und fand Bube Moritz als Schokoladenmann. Er hatte einen Zipfel des Tischtuches erwischt und hüpf und hüpf und hüpf den Becher samt Milchkakao in den Laufstall befördert.

»Sie müssen Nerven wie Drahtseile haben«, meinte Frau Sidliwutz, die geduldig gewartet hatte. »Wird Ihnen das nicht zuviel, Kiosk und Kind?«

Ja, es wurde mir zuviel. Zunächst nur zeitweise, wenn Kind und Kundschaft zeitgleich meine Aufmerksamkeit und Hilfe forderten. Vorübergehend fand ich eine Lösung des Problems. Ich setzte Moritz in sein langbeiniges Kinderstühlchen und diesen Hochsitz stellte ich in den Kiosk. Eine tolle Idee. Das war Fernsehen für einen Elfmonatsknirps mit Ringelpietz zum Anfassen. Moritz verfolgte die wechselnden Gesichter am offenen Kioskfenster als wäre er ein Manager auf Talentsuche. Wer schäkert mit mir? Wer lacht? Wer blinzelt? Wer guckt überhaupt nicht? Gar keiner da? Langweilig. Aber die bunten Blättchen auf der Theke knistern so schön, wenn man sie zerknüllt. Ratsch-ratsch.

»Moritz!« Aus dem Spiegel guckte nur noch ein halber Kanzler und von den Blättern fürs Volksbegehren war nur noch das Begehren übrig geblieben.

»Auweia. Kriegt der jetzt eine Woche keine Bonbons mehr?« Fünf meiner speziellen Kinderkunden sahen interessiert auf den fröhlich krähenden Moritz und jagten dann hinter den Blätterfetzen her, an denen ein Windstoß seine Kraft ausprobierte.

»Was ist denn hier los?« kam eine Stimme aus dem Dunkel des Hinterzimmers. Es war Fred, der zum ersten Mal erlebte, wie sein Sohn Moritz seinem berühmten Namensvetter nacheiferte.

Am Kioskfenster erschien Frau Sidliwutz. »Hallo, ist die Traberzeitung schon da?«

»Traberzeitung? Interessieren Sie sich fürs Trabrennen?« Mein Sohn vergaß seinen Sohn und war plötzlich nur noch gespannte Aufmerksamkeit für eine Frau, die sein Hobby zu teilen schien.

»Ach wissen Sie, mein Exfreund war Trabrennfahrer. Der hat mir die Liebe zu Pferden beigebracht und ein paar Tricks fürs Wetten. Wetten, daß Sie die nicht kennen?«

»Das glaube ich nicht«, ereiferte sich Fred. »Letzten Dienstag hat der Silverstone galoppiert, obwohl er Favorit war. Lovely Loreley hat gewonnen, ein Skandal, denn man munkelt, die wäre gedopt gewesen.«

»Die war *clean,* aber von einer anderen Sache kann ich Ihnen erzählen ...« Das Erzählen setzten die beiden bei einem Abendessen fort. Ich würzte den Abend mit einem Cocktail aus Sorge, Sehnsucht und Silberstreif.

Noch konnte ich Moritz bändigen. Noch konnte er nicht laufen und mir auch nicht weglaufen. Aber das war nur noch eine Frage der Zeit. Dann mußte ich mich entscheiden: Kiosk oder Kind? Oma Ria für Straßenkinder oder Großmutter für den mutterlosen Moritz?

»Am liebsten würde ich beides abgeben«, dachte ich müde. Andere Frauen in meinem Alter und mit meinen finanziellen Möglichkeiten fahren in Urlaub und erobern die Welt. Ich fahre Kinderwagen und träume per Fernsehen, oder ich lese Anzeigen und phantasiere mir eine Reise zurecht. Eine Fahrt mit dem Traumschiff, ein Trip in die USA, eine Bustour zum Nordkap – die Zeitung ist ein geduldiges Medium, das mich mit ihrem Reiseteil auf dem Laufenden hält, aber nicht zum Laufen oder Reisen bringt. Frei nach Wilhelm Busch:

Hier Romane, dort Gedichte, Malzextrakt und Kursberichte, Näh- und Mäh- und Waschmaschinen, Klauenseuche und Trichinen, dieses druckt man groß und breit, doch wann hat Oma Ria Zeit??

Und damit war ich mit meinen Überlegungen wieder bei Moritz, den Zukunftsproblemen und dem Silberstreif, der heute über den Horizont gehuscht war. Der Streif hieß Sidliwutz, mit Vornamen Jennifer, eine sprachlich unmögliche, als Frau aber durchaus erfreuliche Kombination von blonder Weiblichkeit und patenter Mütterlichkeit. Direkt maßgeschneidert für die beiden Männer Fred und Moritz. Ob man da nicht etwas nachhelfen ...

»Äh-äh-huhuhu-hä« jammerte es aus meinem Schlafzimmer. Immer öfter weinte Moritz im Schlaf. Ich ging zu ihm und streichelte sein zappelndes Füßchen. Hielt es fest und sang leise eine eintönige Melodie. Das Weinen verstummte, das Körperchen entspannte sich, Moritz schlief beruhigt weiter. Ob Sidliwutzens Jennifer die richtige Mutter war? Ob sie mit Kindern umgehen konnte? Ob sie Moritz und nicht nur Fred lieben würde? »Ich gebe dich nicht eher her, als bis ich die richtige Mutti für dich gefunden habe«, dachte ich und strich zart über das blonde manchmal so eigensinnige Köpfchen. Moritz war ein kleiner Racker mit einem umwerfenden Charme. Das machte die Zuneigung so leicht und das Erziehen so schwer.

Als ich nach den Tagesthemen den Fernseher ausschaltete und zu Bett ging, war Fred noch nicht nach Hause gekommen. Wir hatten eine gemeinsame Wohnung. Praktisch für Moritz und mich, kompliziert für Fred und seine weiblichen Bekanntschaften. Denn er scheute sich, ihnen Herberge oder mehr zu gewähren, auch wenn im Nebenzimmer Mutter »Drei-Affen« spielte und Ohren, Augen und Mund geschlossen hielt. Zum ersten Mal seit dem Tod meines Mannes überlegte ich den Umzug in eine kleinere Wohnung. Wenn Fred eines Tages heiraten oder zumindest sich fest binden würde, wenn Moritz eine Mutter hätte, wenn ich wirklich nur die Oma Ria sein dürfte ... Ich fühlte, daß ich mir zuviel zugemutet hatte. Ich fragte mich, wie junge Frauen Beruf und Kind unter einen Hut zu bringen wußten. Ich begriff, daß der Ruf nach Krippen- und Hortplätzen kein Relikt aus den neuen Bundesländern war, sondern eine allgemeine Forderung heutiger junger Frauen. Ich dachte an Frau Sidliwutz, von der ich nicht mehr wußte, als daß sie Pferde liebte und Kenntnisse über Traberzucht hatte. Ob sie berufstätig war? Oder wohlhabend genug, von den Zinsen zu leben? Im Traum sah ich Fred, Jennifer und Moritz über blühende Almwiesen laufen und mir zuwinken. »Komm mit, steh auf, komm mit«, riefen sie mir zu.

»Mutter, werd wach. Steh auf, ich muß ins Geschäft und Moritz aufs Töpfchen.« Der Alltag holte mich ein und ich wusste noch nicht, daß er Knüppel-aus-dem-Sack spielen wollte.

Der erste Knüppel: Freds Arbeitgeber, eine Supermarktkette, verkaufte ihre Anteile an eine noch größere Supermarktkette. Wenig später folgte die Ankündigung, daß hundert Mitarbeiter »freigesetzt« würden. War Fred einer von den hundert?

Mein Hauseigentümer starb. Seine Erben beschlossen die Umwandlung der bisherigen Mietwohnungen in Eigentumswohnungen. »Wir machen Ihnen hiermit ein Kaufangebot und würden uns freuen ...«

Aller schlechten Dinge sind drei, dachte mein Blinddarm und drängte ans Licht. Er hatte in Abständen immer lauter gemahnt. Jetzt wurde er radikal und zwar auf eine derart schmerzhafte Weise, daß ich, zum Umfallen blaß, den Kiosk schließen mußte. Ich wankte nach draußen, um das Schutzgitter abzuschließen.

»Frau Maria, um Gotteswillen, wie sehen Sie aus? Sind Sie krank?« Und dann: »Moritz, was sehe ich, du kannst laufen?«

Da vergaß ich die Schmerzen und Frau Sidliwutz und war nur noch glückliche Großmutter. In der offenen Kiosktür stand mein Enkelkind und wackelte lachend in meine Arme. Die ersten Schritte, ich durfte sie mit erleben. Dem Glück folgte der Schmerz. »Mein Blinddarm«, stöhnte ich, und dann weiß ich nicht mehr viel. Außer daß der Krankenwagen kam. Außer daß Jennifer Sidliwutz mir versicherte, auf Moritz aufzupassen. Außer daß jemand meine Hand hielt. Aber da war der Blinddarm schon entfernt und ich lag in einem weißen Bett in einem weißen Krankenzimmer und sah einen ziemlich bleichen Fred besorgt gucken.

»Mutter, das war Hilfe in letzter Minute. Ein Glück, daß Jenni gerade vorbeikam.«

»Jenni?«

Freds Verlegenheit ließ den Silberstreif leuchten. »Ach, du weißt doch, Frau Sidliwutz. Eine patente Frau mit Pferdeverstand. Im Moment ist sie mit Moritz bei den Affen.«

»Wie bitte?« War ich noch in Narkoseträumen?

»Ich meine, sie sind in den Zoo gefahren. Du kannst dich ganz beruhigt auskurieren. Bis du wieder gesund bist, wohnt Jennifer bei uns und paßt auf Moritz auf. Er mag sie und nennt sie »Tenni-Ma.«

»Magst du sie auch?«

Fred sah mir fest in die Augen. »Ja, ich mag sie. Anders als Mariann, nicht so leidenschaftlich. Mehr Kameradin als Geliebte. Dafür vielleicht beständiger. Jenni hat auch eine intensive Affäre hinter sich und noch nicht vergessen. Wir wollen es mal miteinander versuchen. Ich denke auch an Moritz und daß er eine Mutter und du Entlastung brauchst. Denke ich da richtig?«

Mein nachdrückliches Nicken war ihm Bestätigung genug. »Aber die Wohnung«, sorgte ich mich, nachdem ich den Kloß im Hals heruntergeschluckt hatte. »Du hast nach der Pleite mit Mariann dein Appartement aufgegeben und bist zu mir gezogen. Aber eine junge Familie und eine alte Mutter in einer Vierzimmerwohnung, das geht zwar theoretisch, ist in der Praxis aber ein Unding. Außerdem ist mir die Wohnung gekündigt worden.«

Fred küßte mich zart auf die Wange. »Jetzt lerne erst mal ohne Blinddarm zu leben. Dann sehen wir weiter.«

Ich probte jetzt schon das Weitersehen. Darüber schlief ich ein. Wieder sah ich Jennifer und Moritz über blühende Almwiesen laufen. Fred fing beide in seinen Armen auf und sagte: »Der Herr Doktor kommt gleich.«

»Was soll ich denn mit einem Doktor«, fragte ich schläfrig.

Schwester Klothilde lachte. »Ich habe mit Ihrer Zimmergenossin geredet. Aber der Herr Doktor wird auch Sie untersuchen und sich freuen, daß er Ihren Blindarm noch vor dem Zerplatzen entfernen konnte.«

Meine Zimmergenossin war eine Ordensfrau und hieß Schwester Adelgundis. Sie war Oberin im Damenstift St. Anna, seit gestern auch ohne Blinddarm und seit zwei Jahren »ohne festen Wohnsitz«, wie sie lachend erklärte. »Wir haben unser altes Haus abgerissen und sind mit unseren Seniorinnen zu Gast in dem Altbauflügel eines Städtischen Altenheims. Aber in zwei Monaten ziehen wir unser schönes neues Haus. Wir haben übrigens noch ein großzügig geschnittenes Appartement frei. Besuchen Sie uns doch mal.« Als die lustige Schwester nach zwei Tagen entlassen wurde, ließ sie eine sehr nachdenkliche Zimmergenossin zurück.

Ich war wieder zu Hause. Allein in einer Vierzimmerwohnung. Fred probte Ehe auf Zeit und war mit Moritz zu Gast bei Jennifer. Den Kiosk hatte ich noch nicht wieder eröffnet. Ich brauchte Zeit zum Nachdenken, und ich sehnte mich nach Moritz.

»Bei Tenni-Ma darf ich tanz viel laufen«, erklärte er mir, als er mich mit seinem Vater vom Krankenhaus abgeholt hatte. »Tenni-Ma hat keinen Tattel (so nannte er sein Kinderstühlchen), aber eine tanz troße Couch und sie deht mit mir Affen füttern und Ferde tucken.«

Affen füttern und Pferde gucken, damit konnte eine ans Geschäft gebundene Oma Ria natürlich nicht konkurrieren. Aber ich wollte ja auch keine Konkurrenz aufbauen. Ich wollte, daß Moritz glücklich war. Und ich hoffte und betete, daß Jennifer Sidliwutz die richtige Frau dafür war. Aber was wurde aus mir, aus meiner gekündigten Wohnung? Aus meinem Kiosk, den ich dann ohne Streß weiterführen könnte? Die Trauer um meinen Mann war in ein stilles Gedenken übergegangen. Die Zeit, die ich bisher hinter dem Tresen zugebracht hatte, könnte ich auf andere Art nutzen. Meine Reiseträume lockten. Aber was wurde aus meinen »Straßenkindern?« In ein oder zwei Jahren verließen sie die Grundschule. Unbekannte Kinder mit unbekannten Schicksalen würden hoffentlich eine andere »Oma Ria« finden. Ganz zufällig, so machte ich mir vor, geriet ich bei einem meiner Spaziergänge auf die Kaiserstraße und von dort in einen Neubau. Schwester Adelgundis inspizierte gerade die Räume auf der ersten Etage.

»Frau Maria, wie schön Sie zu sehen. Darf ich Ihnen das Haus zeigen?« Sie zeigte und erklärte und warb um eine 56-Jährige, als wäre ich schon Achtzig und aufs Jenseits präpariert. Aber als sie bis zur obersten Etage gekommen war und mich in das Zweizimmerparadies mit ausladendem Balkon und Blick auf einen mächtigen Nußbaum führte, war es um mich geschehen. Es war Liebe auf den ersten Blick. Aber dann setzte mein Verstand ein. Was sollte ich in einem Altersheim?

Schwester Adelgundis meinte: »Das Appartement ist ganz unabhängig vom Heimbetrieb. Eine Eigentumswohnung mit der Chance, im Alter und bei Pflegebedürftigkeit den Service des Altenheims in Anspruch nehmen zu können. Sie haben Ihre eigene Küche, aber wenn Sie wollen, können Sie an den Mahlzeiten im Haus teilnehmen. Sie wohnen mitten in der Stadt, aber unser Garten ist ein grünes Refugium. Unser Landschaftsarchitekt spricht von einem beseelten Meditationsraum in klösterlicher Abgeschiedenheit.«

Ich flüchtete. Das war zuviel schwärmerische Seelenerholung. Aber irgendein Virus mußte ich mitgeschleppt haben. Es vermehrte sich nicht. Aber es brachte sich immer wieder in Erinnerung.

Der Neubau war fertig. Die Bewohner zogen ein. Fred und Moritz probten immer noch Familie. Die Erbengemeinschaft drängte auf eine Entscheidung. »Wie wir Ihnen mitteilten, bieten wir Ihnen Ihre bisherige Mietwohnung als Eigentumswohnung an. Die Kaufsumme beläuft sich auf ...«

Das Telefon bimmelte. Am Apparat war ein aufgeregter Fred. »Hast du heute abend Zeit? Wir hätten da etwas zu besprechen.«

War der Silberstreif zum Goldring gediehen? Ich war gespannt. Hatte Sekt kaltgestellt. Vorsorglich. Ich lag nicht falsch. Aber zwischen Kaltstellen und Prosten lagen zwei Stunden intensiver Überlegungen. Fakt war: Die neuen Eigentümer der Supermarktkette hatten Fred das Angebot gemacht, als Geschäftsführer eine neue Filiale zu übernehmen.

»Ich würde um ein paar Gehaltsstufen steigen. Aber es geht nicht nur ums finanzielle Klettern. Damit wäre ein Umzug verbunden.«

»Wohin?«

»Weit weg. Ins südlichste Dorf Deutschlands.«

Hilfe, eine Landkarte: »Karlsruhe, Stuttgart, Ulm, Kempten??«

»Noch südlicher. Oberstdorf.«

Ich schloß die Augen. Schluckte. Atmete tief durch. Dachte an meinen Traum mit den blühenden Almwiesen.

»Was ist mit Moritz?«

Fred lächelte. Jennifer lächelte. Beide sahen sich und dann mich an und lächelten im Duett.

»Wir wollen heiraten.«

Das war vor zwei Jahren. Inzwischen bin ich in der Wohnung mit Blick auf den Nußbaum und den »beseelten Meditationsgarten« heimisch geworden. Ich habe einige Reisen unternommen und festgestellt, daß es zu Hause am Schönsten ist. Zu meinem Zuhause gehören jetzt nicht mehr die Schulkinder, sondern die Bewohnerinnen im Annastift, die ich nach und nach kennenlernte. Zuerst nur bei Begegnungen auf dem Flur oder im Lift.

»Frau Maria, helfen Sie mir bis in den Speisesaal?«

»Frau Maria, gehen Sie in die Stadt? Können Sie mir etwas mitbringen?«

»Frau Maria, im Garten ist es allein so langweilig. Trinken wir dort zusammen eine Tasse Kaffee?«

»Frau Maria, uns fehlt noch eine Partnerin beim Rommespiel.«

Schwester Adelgundis schmunzelte. Mein Ich runzelte die Stirn. Ich wehrte mich innerlich. Anfangs, als ich die Frauen nur flüchtig kannte. Dann kam Moritz zu Besuch. Seine Eltern parkten ihn für zwei Wochen bei mir, um ungestört in Urlaub fahren zu können. Sein »Oma Ria« schallte durchs ganze Haus, was mir unangenehm war, in den Ohren der einsamen alten Frauen aber alle mütterlich-großmütterlichen Instinkte reaktivierte. Moritz fand offene Türen und offene Herzen. Seine Unbefangenheit war ein Lehrstück in Sachen Caritas. Er hatte absolut keine Scheu, der verwirrten Frau Jettchen Gummibärchen zu schenken. Der bettlägerigen Frau Paula erzählte er von Oma Rias gewesenem Zeitungskiosk, daß Mama Jenni ihn doll lieb habe und Papa ihm das Skifahren beibringe. Immer auf der Suche nach dem flinken Buben Moritz, lernte ich seine »Omas« kennen und sie mich. Als mein Enkel nach zwei Wochen in seine neue Heimat Oberstdorf zurückkehrte, war ich für die Heimbewohnerinnen zur »Oma Ria« geworden, obwohl die meisten mir zwanzig bis dreißig Altersjahre voraus hatten.

Zweimal im Jahr mache ich Urlaub in Oberstdorf. Ich laufe mit Moritz über blühende Almwiesen, plansche mit ihm im Kristallbad und versuche mich im Langlauf. Dann kehre ich vollgestopft mit neuen Eindrücken ins Annastift zurück und erzähle, im Mondenschein auf meinem Balkon sitzend, dem meditativen Nußbaum, wie reich mein Leben geworden ist.

Es sollte noch reicher werden. Als ich am Telefon Moritzens »Fernsehauftritt« bestätigt und den Eltern meine guten Wünsche zum Neuen Jahr übermittelt habe, zitiert Schwiegertochter Jennifer Wilhelm Busch: »Moritz war der erste Streich, der zweite folgt in fünf Monaten.«

Ich lache. »Willst du mir damit sagen, daß sich zu dem Buben Moritz ein Max gesellen wird?«

»Ja, Moritz bekommt ein Brüderchen. Wenn die Almwiesen blühen ist es soweit. Dann hoffen wir auf deinen Langzeitbesuch. Oma Ria, wir brauchen dich.«

DENISE: DIE GROSSIE

Meine Geschichte, oder besser mein Werdegang von der Mutter zur Großmutter, vom Mädchen aus gutem Hause zur Kämpferin gegen überholte Moralvorstellungen wird begleitet von einer tief im Herzen nistenden Trauer, die ich als mir zugehörig für den Rest meines Lebens akzeptiert habe. Mein Lebensweg führte mich vor sechs Monaten von der Isar an die Spree. Dort fühle ich mich zu Hause, aber ich bin nicht daheim. Ich wohne in Kreuzberg, genauer: in der Tempelhofer Vorstadt. In einem Haus, das sein glattrasiertes Gesicht schamhaft zwischen dem nostalgischen Stuck der restaurierten Gründerzeitfassaden verbirgt. Manchmal fühle ich mich wie dieses Haus. Farblos, nicht zugehörig, mit dem falschen Outfit. Vom Balkon aus mache ich heimlich Winke-Winke, wenn Touristenbusse aus der alten Heimat mit Aufschriften wie Illertal oder Münchener Kindl sich durch unsere enge Straße schieben, um Berlinbesuchern verrucht-betuchte Kreuzberger Szeneluft schnuppern zu lassen. Apropos Szene.

Da fällt mir ein, daß ich am Nachmittag meinen Enkel Benedikt bei der Hausversammlung vertreten muß und ihm und seinem Freund Jörg versprochen habe, sie heute Abend zu einer Talkshow zu begleiten. Vorher will ich noch bei Herz am Marheinekeplatz vorbeischauen und mich bedanken, daß meine Freundinnen aus dem »Klub der Chemiesetten« so herzlich aufgenommen wurden. Denn ich hatte sie nicht im noblen Riemers Hofgarten, sondern in einem kleinen Hotel oberhalb der Marheineker Markthalle einquartiert. Ein Haus mit Berliner Milljöh, Zille-Repros an den verqualmten Kneipenwänden und frechen Spatzen im hauseigenen Biergarten, aber guten Zimmern. Die feine Carlotta hat zwar die Nase gerümpft. Aber warum hatte sie ausgerechnet mich gebeten, das Wiedersehenstreffen zu organisieren? Ich habe mich gefreut, daß alle zwölf ihre Zusage eingehalten haben. Ich bin mit meinen 70 Jahren die Älteste aus dem Ehemaligenkreis. Wir haben uns gut gehalten. Nicht nur optisch, sondern auch als Gruppe, die ein Relikt aus der oppositionellen 68er Ära ist. Genauer ein Ziehkind der frühen 70er Jahre des vorigen Jahrhunderts. (Wie sich das liest! – Als wären wir Suffragetten.) Damals war ich 40 und junge Dozentin an jener Fachhochschule, an der auch Carlotta studierte. Übrigens hieß sie damals noch Charlotte, und wenn wir sie ärgern wollten, nannten wir sie Lottchen. Lottchen studierte, Charlotte revoltierte. Carlotta ist heute Wer. Damals gründete sie unseren Chemiesettenkreis. Das war (aus heutiger Sicht) ein diskutierendes Kaffeekränzchen aus jungen Frauen der verschiedensten Semester, die die »Denke der Gesellschaft verändern wollten«. Das wollte auch ich aus einem leidvoll erfahrenen privaten Grund. Ich war eine alleinerziehende Mutter, was bei der Geburt von Petra noch Fräulein mit Kind hieß und meiner Umwelt dankbare Gelegenheit gab, die eigene Moral zu hofieren und mich mit hämischen Bemerkungen zu diskriminieren. Hätte ich abgetrieben statt auszutragen, wäre man freundlicher mit mir umgegangen. Aber ich war der nicht zeitgemäßen Auffassung, daß mein Bauch nicht nur mir, sondern auch dem werdenden Leben in mir gehörte. Ich nannte mein Kind Petra nach seinem Vater Peter. Mehr gab ich nicht zu Protokoll. Petras Dasein zwang mich zu Canossagängen bei der Suche nach einer eigenen Bleibe und zur Demut gegenüber meiner feinen Verwandtschaft. Der war die gefallene Denise peinlich und sie beschloß, mein Konto zwar standesgemäß zu versorgen, aber mich nicht mehr zu kennen. Da wurde aus Demut Stolz und aus dem Stolz wuchs der Mut zur Opposition. (Eigenschaften, die mich bis nach Berlin trugen, doch davon später.) Ich biß mich durch. Als ich zum Kreis um Charlotte stieß, war meine Tochter Petra sechzehn und ich in gesicherter Position. Aber der Wille, eine mir gegenüber intolerant gewesene Gesellschaftsschicht zu »strafen«, war ungebrochen. Zu engstirnig und gnadenlos hatte ein Teil meiner Umwelt wichtige Lebenswurzeln gekappt. Ohne Wurzeln konnte ich nicht leben. Aus Denise wurde Nessi mit neuen Wurzeln in einem humaneren Erdreich. Damals ahnte ich nicht, daß sie so stark sein würden, auch einem Tornado standzuhalten.

Eigentlich ist eine ungewollte Schwangerschaft keine Krankheit und auch nicht ansteckend wie Masern oder Windpocken. Warum bekam Petra dann trotzdem diese »Kinder«-Krankheit? Meine Tochter war achtzehn und ging in die 13. Klasse, die ich aus alter Gewohnheit Oberprima nannte. Tom war ebenfalls achtzehn und in der Oberprima. Beide waren unsterblich, romantisch, Händchen haltend und Blümchen zählend ineinander verliebt. Leider vergaß Petra die Pille und dann sich selbst. »Wenn eine Schülerin Mutter wird« titelte damals eine Erziehungszeitschrift mit überwiegend christlichem Leserkreis. Der Artikel befaßte sich positiv mit dem „Ja" der beiden Primaner zu ihrem Kind und lobte den Mut der designierten Großmutter Nessi und des amtierenden Schulleiters, die Entscheidung der beiden jungen Menschen zu unterstützen. Ein Teil der Leserschaft spielte Engel mit dem Flammenschwert oder Moralapostel und kündigte aus Protest ihr Zeitschriftenabo. Obwohl ich mir die Zukunft meiner Tochter weiß Gott anders vorgestellt hatte, machte mich die Erfahrung meines eigenen Lebens stark. Petra und Tom brauchten Hilfe, für Vorwürfe war es eh zu spät.

Seit den unerfreulichen Begleiterscheinungen meiner eigenen Schwangerschaft waren fast neunzehn Jahre ins Land gegangen. Die »Denke« eines Großteils der Gesellschaft hatte sich verändert. Ein nicht eheliches Kind war kein Makel mehr. Die Mitschülerinnen und Mitschüler von Petra und Tom fanden es nicht *shocking*, sondern spannend, ein werdendes Elternpaar neben sich auf der Schulbank zu haben. Die Moral, die mich damals so penetrant verfolgt hatte, zeigte meiner Tochter und ihrem Freund mit den Attributen wie Toleranz und Akzeptanz ihr menschlicher gewordenes Gesicht.

Um es kurz zu machen: Sechs Wochen vor dem Abitur kam Benedikt zur Welt. Er machte mich zur Großie (Großmutter schien mir für meine 42 Jahre zu antiquiert) und Petras Kopf frei genug, ihr Abitur mit der Note 1,4 zu bestehen. So weit die Vorgeschichte.

Ich mußte sie erzählen, denn sie gehört zu meinem Leben und machte mich stark, dem dritten und schlimmsten Schicksalsschlag die Stirn zu bieten.

Um von ihm zu berichten, benutze ich den Zeitraffer und überspringe 26 Jahre. Petra und Tom hatten sich längst getrennt. Meine Tochter und ich teilten uns in München eine Wohnung. Das Zusammenleben zwischen aktiver Rentnerin (das war ich) und versponnener Bibliothekarin (das war aus Petra geworden) hatte Höhen, Tiefen und ein Mittelmaß, in dem wir uns zur Zeit befanden. Benedikt studierte Medienwissenschaften und jobbte nebenbei als freier Mitarbeiter bei einer Zeitung. Er hatte eine eigene Bude und machte sich rar. Seine langjährige Freundin hatte er mit der Bemerkung »ich bin kein Typ zum Heiraten« auf den Single-

Markt zurückgeschickt. Am Horizont drohten die ersten Vorboten einer Gewitterfront. Aber ich beachtete sie nicht. Die Botschaft lag außerhalb meiner Lebenswelt.

Ich war vollkommen ahnungslos, als Benedikt mich an einem lauen Sommerabend zu einem Spaziergang einlud. Die untergehende Sonne malte erst Hans Böcklin, dann Caspar David Friedrich an den Horizont. Vom leuchtenden Gold wechselte sie zu pastelligem Rosenholz und sagte mir mit keinem ihrer zarten Farbspiele, daß sie für mich ihren Malkasten für immer geschlossen hatte. Als die letzten malenden Sonnenfinger in die andere Globushälfte abgetaucht waren und Dämmerung baldige Dunkelheit verhieß, blieb Benedikt stehen. Er legte den Arm um meine Schulter und drehte mich zu sich. Ich sah ihm neugierig-fragend in die Augen. Der Schmerz, der mir daraus entgegenflammte, brannte sich mir unauslöschlich ins Herz. Ben fasste meine Hand – die seine war eiskalt – und sagte leise:

»Großie, ich muß dir jetzt sehr wehtun. Aber einmal muß ich es dir sagen. Ich werde nie eine Freundin haben. Ich werde nie heiraten. Ich bin schwul.«

Ich löste meine Hand langsam aus der seinen. Ich wandte mich ab. Ging weiter. Mechanisch. Schritt für Schritt. Schneller, immer schneller, als könnte ich vor dem weglaufen, was ich gerade gehört hatte und dem mein Verstand den Zugang verweigerte.

Schwul.

Eine Welt stürzte ein. Eine Zukunft verlor ihr Gesicht.

Schwul.

Ein ausgrenzendes Wort. Peinlich, pervers, gefüllt mir rosa Plüsch und Pleureusen.

Das sollte jetzt kein Wort mehr sein, sondern Realität? Lebendig geworden durch meinen Enkel?

Ich blieb stehen. Ben war mir langsam gefolgt. Ein großer, attraktiver junger Mann, dem die Frauen gern nachsahen und der Frauen gern um sich hatte.

Wieso war er schwul? Das konnte doch nur ein Irrtum sein. Oder eine Verirrung? Eine Verwirrung?

Ben hatte mich eingeholt. »Großie, ich mache mir keinen Spaß mit dir. Ich bin wirklich homosexuell. Seit Jahren weiß ich es. Seit Jahren verberge ich es vor Mama und dir. Aber einmal muß Schluß sein mit dieser Verschleierung. Ich kann nicht länger mit dieser Lüge leben.«

Ich spürte, er meinte es ernst. Er wußte, was er sagte und daß er sich preisgab. Sich und seine Liebe zu uns, nein, unsere Liebe zu ihm.

»Großie, bitte verstehe mich. Ich bin doch jetzt nicht anders als vor zwei Minuten.«

Nein? Doch!

Da sagte mir mein Enkel, der Hoffnungs- und Zukunftsträger unserer kleinen Gemeinschaft, daß er nicht Frauen, sondern Männer sexy findet. Bilder von Männern mit ausgestopftem BH und Stöckelschuhen fielen mir ein. Männer, die am Bahnhof auf Strichjungen warteten oder kleine Jungs verführten. Mir schnürte sich der Hals zu. Die Luft wurde knapp. Die Bilder verdichteten sich zum Horrorszenario. War ich im falschen Film? Träumte ich?

»Großie, nicht gleich umfallen. Großie, stark sein, bitte bitte.«

Stark sein? Schon wieder? Hatte ich das in meinem Leben nicht oft genug gemußt? Stark sein für was und für wen? Was hatte er gesagt? Er sei nicht anders als vorher?

Ich sah ihn an. Von oben bis – an seinem Gesicht blieb ich hängen. Ein Gesicht – Gott verzeih mir – ein Schmerzensgesicht wie das eines Gekreuzigten. Da ging keiner leichtlebig mit dem Zeitgeist um, das war kein »trendy boy«, der es spannend fand, »anders« zu sein. Benedikt litt. Um mich? Um sich?

»Seit wann weißt du es?«

»Geahnt habe ich es seit mehr als zwölf Jahren. Aber ich wollte es nicht wahrhaben. Ich habe mit Mädchen geschäkert, sie geküßt, auch mehr versucht. Aber es blieb beim Versuch. Bei Jungen war das ganz anders. Trotzdem habe ich mich innerlich gewehrt. Ich wollte ja so sein wie alle anderen, wollte Frau, Kind, Familie. Damals, mit Nina, habe ich gedacht, ich könnte es erzwingen. Nein, ich hätte mein Leben auf einer Lüge aufgebaut. Das geht einfach nicht. Ein Teil von mir, den du bisher nicht gekannt hast, ist anders. Aber ich will so leben, daß ich auch diesem anderen Teil im Spiegel immer ehrlich in die Augen sehen kann. Eine Bindung einzugehen, um mir und der Frau neben mir etwas vorzumachen, das geht nicht. Dafür ist mir die Ehe auch zu heilig.«

Wir hatten uns bisher gegenüber gestanden und uns angeschaut. Ich drehte mich um und ging langsam weiter. Das erste Entsetzen verebbte. Was war passiert? Mein Enkel hatte mir ehrlich eingestanden, daß er schwul war. Wahrscheinlich hatte seine Umgebung, sein Freundeskreis, das längst gewußt und auch akzeptiert. Jetzt hatte Ben mir die Binde von den Augen gezogen und mich sehend gemacht. Und was sah ich? Einen Menschen mit Mut zur Offenheit. Mit der Ehrlichkeit, sich zu seiner anderen Art zu leben zu bekennen. Wenn mir diese Art auch fremd war, hatte ich deshalb ein Recht, sie zu verurteilen?

Schweigend erreichten wir eine Straßenkreuzung. An einer Ecke stand ein großes Kreuz. Gestiftet von einer Familie. Wir würden nie eine Familie sein. Ich, Petra, jetzt Benedikt. Alle nur halb. Alle ohne Partner.War es das, was mich so entsetzt reagieren ließ? Der Verlust an Zukunft?

»Hast du einen Freund?«

»Darüber möchte ich jetzt nicht sprechen. Später einmal. Zuerst möchte ich unser Verhältnis klären. Darf ich dich weiterhin besuchen? Wirst du weiterhin meine Großie sein? Oder brichst du die Beziehung ab?«

Die Beziehung abbrechen? Verstoßen, weil die Norm nicht erfüllt wurde?

»Diese Denise ist für uns nicht tragbar. Sie blamiert die ganze Familie. Was soll die Nachbarschaft sagen? Mit diesem Bastard kommt sie uns nicht ins Haus ...«

Damals hatte mich der Egoismus meiner feinen Verwandtschaft in die Verzweiflung getrieben. Keiner hatte nach meinen Ängsten gefragt, nach der Verantwortung für das werdende Leben, nach der Trauer über den Verlust einer Liebe. Ein Lehrstück aus der Vergangenheit wurde Gegenwart und mahnte mich zur Toleranz.

Ich blieb stehen. „Gib mir Zeit zum Nachdenken. Ich muß verarbeiten, was ich heute von dir erfahren habe. Wahrscheinlich möchte ich noch mehr von dir wissen. Aber nicht jetzt. Für heute ist es genug. Ich möchte allein sein."

Benedikt nickte. Zaghaft hielt er mir seine Hand hin. Ich faßte sie und gab den Druck fest zurück. Mehr schaffte ich noch nicht. Ich sah, wie sein Gesicht sich entspannte. Ich wandte mich ab und ging nach Hause.

Petra saß im Wohnzimmer und las. Versponnen in ihre literarische Welt blickte sie nur kurz auf. „In der Küche steht was zu essen."

„Ich mag nichts. Ich habe Kopfweh. Ich gehe zu Bett. Gute Nacht."

Ich schloß die Schlafzimmertür hinter mir ab. Endlich allein. Bis auf die Gespenster und die hinterlistigen Spukgestalten, die mich beherrschen wollten mit ihrem Geflüster von perversen Männern in Leder und Lack oder Tunten in Frauenkleidern, über die ich bisher nur amüsiert gelächelt hatte. Und dazwischen ein Benedikt, der sich in seinem Äußeren in nichts von „normalen" jungen Männern unterschied. Oder war ich blind? Was wußte ich überhaupt von Homosexualität? War sie angeboren? Erworben? Ben war überwiegend von Frauen erzogen worden. Lag die Schuld bei Petra und mir? Fragen über Fragen und dazwischen der Schmerz in Bens Augen und die Besorgnis in meinem Herzen, daß mein Enkel in bedenkliche Kreise geraten könnte, die sein Leben zusätzlich belasten würden. Meine Gedanken kreisten und bohrten, kamen und gingen, verflüchtigten sich zu Traumbildern, aus denen ich am nächsten Morgen müde und matt erwachte.

Das übliche Zeremoniell von Duschen, Frühstück richten, Fragen nach dem Tagesplan von Petra lenkten mich ab.

»Nach dem Dienst komme ich nicht nach Hause. Heute abend ist eine Autorenlesung in unserer Bibliothek. Könnte dich auch interessieren. Ein junger Autor liest ...«

Ich begriff nur eins. Petra war heute abend nicht zu Hause. Als sie fort war, rief ich Benedikt an.

»Hast du Zeit zu einem Gespräch?«

»Wenn ich keine hätte, würde ich sie stehlen. Ich bin so froh, daß du mich sehen und sprechen willst.« Und nach einer Pause:

»Großie?«

»Ja?«

»Tut es sehr weh?«

Ich horchte in mich hinein. Was aus dem ersten Schock zurückblieb, war Traurigkeit. War der Schmerz in Bens Augen. War die Angst um ihn und ein vielleicht gefährliches Umfeld. War die Zuversicht, daß Homosexualität bei der jüngeren Generation kein Thema mehr war und sie ihren Makel in der Gesellschaft zunehmend verlor. War die Frage nach meinem Versagen. War die Sorge, wie Petra auf die Homosexualität ihres Sohnes reagieren würde.

»Großie, bist du noch da?«

»Ja, es tut noch weh. Ich hätte dir ein leichteres Leben gewünscht.«

Benedikt kam am frühen Abend und brachte eine Flasche Wein mit. »Blumen finde ich nicht passend«, murmelte er.

»Mir ist auch eher nach Besaufen«, beschrieb ich meine Gemütsverfassung. »Also tun wir's doch«, meinte Ben und schenkte ein.

Mir war wunderlich zu Mute. Da saß ein junger Mann, den ich zu kennen meinte und beschrieb mir eine Seite seines Lebens, die mir fremd war. Er nahm mir weder meinen Schrecken noch meine Angst. Aber er beschenkte mich mit seinem Vertrauen. Er schilderte mir ein seit zwei Jahren bestehendes Verhältnis zu einem Partner und ich erkannte, es beschränkte sich nicht auf Sex. Da war alles das, was auch eine Liebe zwischen Mann und Frau zu einer echten Beziehung macht: geistige Übereinstimmung. Vertrauen. Zärtlichkeit. Geborgenheit. Miteinander lachen können. Füreinander dasein wollen. Meinungsverschiedenheiten austragen. Versöhnung feiern.

Nur die sexuelle Seite dieser schwulen Partnerschaft blieb für mich nicht nachvollziehbar. Mein Verstand sagte: Es ist sein Leben. Er muß wissen, ob er auf diese Art glücklich wird. Halte dich da raus, Großie. Zu Chemiesettenzeiten hast du für mehr Toleranz gekämpft. Jetzt beweise sie. Aber wie schwer war das, wenn es nicht um Fernstehende, Fremde, um anonyme Namen ging, sondern um einen Menschen, den man liebt und um den man sich sorgt!

Die alte Standuhr im Wohnzimmer schlug zehn. Bald würde Petra nach Hause kommen.

»Weiß deine Mutter eigentlich, daß du schwul bist?«

»Nein, bis jetzt noch nicht. Ich wollte zuerst mit dir darüber sprechen. Ich habe unheimliche Angst, dich zu verlieren. Deshalb habe ich so lange geschwiegen. Aber du wirst dich nicht selbst verlieren. Du bist eine starke Frau mit viel Lebenserfahrung. Mama ist labil. Die Angst, es ihr zu sagen, ist anders. Ich hoffe, du wirst mir dabei helfen, es ihr beizubringen. Habe ich mich geirrt?«

»Nein, du hast mich richtig eingeschätzt. Aber lasse mir Zeit. Bisher habe ich nur mich und meine Ängste gesehen. Ich muß lernen, damit umzugehen. Ich muß Abschied nehmen von einer Zukunft mit einem Urenkelkind, die sich jetzt als Traum erwiesen hat. Die neue Situation verändert auch mein Leben.«

»... und deine Gefühle zu mir?«

Ich sah ihn nachdenklich an. »Ja, auch das. Sie sind tiefer geworden.«

Wir schieden mit einem festen Händedruck. Benedikt war und blieb mein Enkel. Und er brauchte mich.

Ich mußte lernen. Denn, so sagte ich mir: Wenn ich Benedikt und seine Art zu leben kennenlernen und verstehen wollte, mußte ich mir einen eigenen Standpunkt erarbeiten. Dazu brauche ich Informationen.

»Kannst du mir nicht bestimmte Fachliteratur aus der Bibliothek mitbringen«, fragte ich Petra.

»Natürlich. Was brauchst du denn?«

»Etwas über Homosexualität«, versuchte ich möglichst gelassen zu sagen.

»Was willst du denn damit in deinem Alter?« Petras Ahnungslosigkeit schmerzte.

»Ich will mitreden können, wenn über Gleichstellung von homosexuellen Partnerschaften geredet wird. Wieso mögen Männer Männer und Frauen Frauen? Dafür muß es doch tiefer gehende Gründe geben als nur erotische Neugier oder ein Spiel mit der Sexualität.«

»Aber Mutter, das ist doch kein Thema für deine Altersgeneration. Damit brauchst du dich doch nicht zu belasten. Ich hätte da den neuesten Roman von Rosamunde Pilcher, soll ich dir den ...«

O, du ahnungsloses, harmloses Kind mit deiner rosaroten und himmelblauen Sehnsucht nach heiler Welt und Walliser Romantik! „Nein, irgend so etwas von Kinsey oder Freud – oder gibt es nicht auch ein lesbares Paperback von einem vernünftigen Kirchenmann? Nein, ich komme besser mit. Ich muß selbst suchen und sehen.« Das Wort schmökern wollte mir in dem Zusammenhang nicht über die Lippen. Und die leise Hoffnung, meine Tochter auf diese Art an das Thema heranzuführen, war utopisch. Sie war ebenso ahnungslos, wie ich es gewesen war.

In den nächsten Wochen las ich mich quer durch die Literatur von Hermann Hesse bis Thomas Mann, wälzte Lexika und sammelte themenbezogene Zeitungsartikel. Ich lernte unterscheiden zwischen dem spektakulären Coming out von Selbstdarstellern und der stillen Verzweiflung Betroffener, zwischen einem One-Night-Stand mit einer Zufallsbekanntschaft und der Sehnsucht nach einer langfristigen Beziehung mit einem geliebten Menschen. Mein Verstand analysierte, sprach von Toleranz, Akzeptanz oder auch Ablehnung je nach dargestellter Verhaltensform und machte sich den Ausspruch von Preußens Altem Fritz zu eigen, daß jeder nach seiner Fasson selig werden sollte. Aber ach, es war einfach, großzügig und tolerant zu sein, wenn es um »die Denke der Gesellschaft« ging. Jetzt war ich persönlich betroffen. Ich mußte lernen, meinen Egoismus in Schach zu halten und Benedikts Leben auch mit Benedikts Augen zu sehen. In Abständen trafen wir uns. Wir sprachen über die Sache, aber nicht über ihn. Bis er mir eines Tages sagte, daß er München verlassen und nach Berlin ziehen werde.

»Ich habe ein Angebot von einer Berliner Zeitung.«

»Ist das der einzige Grund?«

»Nnnein. Mein Freund lebt und arbeitet bereits seit drei Monaten in der Berliner Kanzlei eines Rechtsanwaltes. Jörg hat mir auch den Job als freier Mitarbeiter besorgt.«

Jörg hieß er also. Bisher hatten wir nicht von ihm gesprochen. Und dann ging mir auf, daß 600 Kilometer Entfernung auch persönliche Distanz bedeutete. Daß Petra immer noch ahnungslos war. Daß Benedikt nicht flüchten durfte, ohne seine Mutter informiert zu haben. Ich hatte versprochen, ihm dabei zu helfen. Feigheit war eigentlich nie meine Sache gewesen. Aber bis jetzt hatte ich noch nicht den Mut gefunden, Petras heile Welt zu zerstören.

Ihre Reaktion, als ich es ihr vorsichtig beizubringen versuchte, war entsetzlich. »Warum habe ich ihn geboren? Warum habe ich nicht abgetrieben? Was habe ich falsch gemacht, daß er so geworden ist? Ich will ihn nie mehr sehen.« Sie stürzte in ihr Zimmer und knallte die Tür hinter sich zu. Ende einer Beziehung.

Es war nicht möglich, mit Petra zu sprechen, geschweige denn zu diskutieren. Mit Trotz in den Augen, die Lippen hart zusammengepreßt, verweigerte sie sich jeder noch so vorsichtigen Annäherung. Ich kannte ja meine eigene Reaktion, hatte Verständnis für den Schock, gab ihr Zeit, das Gehörte zu verarbeiten. Aber nach und nach kam ich zu der Überzeugung, daß sich meine Tochter mit voller Absicht in sich selbst zurückzog. Sie kultivierte ihre heile Welt und weigerte sich, Tatsachen zur Kenntnis zu nehmen.

»Ich weiß nicht mehr weiter«, klagte Benedikt, als wir uns zum letzten Mal in seiner Studentenbude trafen. »Sage meiner Mutter, daß ich nach Berlin gezogen bin und sie keine Angst mehr vor einem zufälligen oder absichtlichen Zusammentreffen haben muß. Aber ich bitte sie ganz herzlich um ein kleines Zeichen des Entgegenkommens.«

Petra zuckte nur mit den Schultern, als ich ihr Bens Bitte übermittelte. „Hatte ich denn einen Sohn?" fragte sie kalt und wandte sich ab.

Das Zusammenleben mit ihr wurde immer schwieriger und belastender.

»Mit einem Menschen in einer Wohnung zusammen zu leben,

der nur noch ein Nebeneinander kennt und sich total verweigert, geht über meine Kraft«, gestand ich Benedikt bei einem unserer wöchentlichen Telefonate. »Ich werde mich nach einer anderen Wohnung umsehen.«

»Komm nach Berlin«, lockte Ben.

Sechs Monate dachte ich über den Vorschlag nach. Dann hielt ich die Eiszeit in unserer Wohnung nicht mehr aus. Ein letztes Mal versuchte ich, den Kältepanzer, mit dem Petra sich umgeben hatte, anzutauen. Vergeblich. Auf meine Ankündigung, auszuziehen und ihr die ganze Wohnung zu überlassen sagte sie nur: »Wenn du meinst.«

Ich zog nach Kreuzberg. In ein Haus, das sein glattrasiertes Gesicht schamhaft zwischen den Stuckfassaden verbirgt. In eine Wohnung, von deren Balkon ich nicht nur die Busse aus der Heimat, sondern auch die gegenüberliegenden Fenster von Benedikts Wohnung sehen kann. Jörg wohnt eine Etage tiefer. Als ich ihn das erste Mal sah, streckten noch einmal sämtliche Vorurteile ihre Krallen aus. Als ich ihn das zweite Mal sah, merkte ich, daß die Krallen stumpfer wurden. Als Ben und Jörg mich beim dritten Mal zum Essen einluden, saß ich einem zurückhaltenden, gebildeten Mann gegenüber, mit dem zu diskutieren ein Gewinn war. Er war der Freund meines Enkels. Als beide in ihren Gesten mehr als Freundschaft erkennen ließen, rann es mir kalt über den Rücken. Öffentliche Zärtlichkeit zwischen schwulen Männern zu ertragen, das mußte ich noch lernen. Ich stand auf und ging. Seitdem vermeiden beide, was mir wehtut.

Heute abend gehe ich mit Benedikt und Jörg zu einer Talkshow und werde mich »outen«: Als eine 70jährige Großmutter, die stolz auf ihren schwulen Enkel ist, weil er zu sich selbst ja gesagt hat. Weil er ein liebenswerter und hilfsbereiter Mensch ist, der tüchtig in seinem Beruf ist und echte Partnerschaft lebt. Daß er dies mit einem Mann tut und meine Familie deshalb ausstirbt; ist ein Schmerz, der zwar tief in mir nistet, aber dem ich keine Gewalt mehr einräumen will.

GERDA: DIE DI-MI-DO-OMA

Ich heiße Gerda. Meine Freundin Nicole nennt mich Freifrau. Sie versteht meine unbändige Lust, ohne Blick auf die Uhr und ohne jegliche Verpflichtung durch die City zu bummeln. Dienstags zum Beispiel. Fixpunkte an diesem Tag sind die Stadtbibliothek und ein Café. Im ersteren läßt sich wunderbar schmökern. Ein paar Zeilen Lyrik, ein Auffrischungsblick in fast vergessene Klassiker, ein vergeblicher Versuch, die Erstausgabe eines im Literarischen Quartetts verrissenen Buches zu ergattern (Reich-Ranicki muß wohl mal wieder sehr aggressiv gewesen sein). Tatsächlich, die totgesagte Courths-Mahler gibt es immer noch und auch den Karl May meiner Jugendtage. Schmökern fördert meinen Kaffeedurst, aber nur ein Café mit Lesestoff hat bei mir eine Chance. Ob Boris wieder Vater wird, in Monaco der Fortbestand der Monarchie immer noch nicht gesichert ist (eine Frage, die besonders Steuerflüchtlinge interessiert), ob Schumi seinen nächsten Weltmeistertitel einfährt oder ob Verona immer noch werbend vor sich hin blubbert – die Yellow Press bringt mich auf den neuesten Stand der Dinge –oder gehört dieser Satz in die Tagesschau? Egal, dienstags lasse ich meine Seele baumeln. (Auch ein Werbespot, wie peinlich, fällt mir nichts anderes ein.) Das tut besser als jede Kur, die mir mein Hausarzt nach dem Tod meiner Mutter verordnen wollte. Sechs Jahre habe ich sie mit steigendem Anspruch gepflegt. Sechs Jahre lebte ich, wenn ich denn einmal aushäusig war, mit dem Blick auf die Uhr und einem schlechten Gewissen. Als Mutter vor zwei Monaten starb, hinterließ sie mir als Erbe eine schmerzliche Leere, ein Wirbelsäulensyndrom und den Status einer Freifrau, der so aussieht: dienstags bummeln, mittwochs Volkshochschule, donnerstags Spaziergang mit meinem Enkelkind, freitags und samstags die wieder aufgenommene Hilfe in unserem Frisiersalon, sonntags und montags gemeinsame Aktivitäten mit meinem Mann. So ungefähr gestalte ich zur Zeit meine zweite (oder ist es schon die dritte?) Lebenshälfte, nachdem ich in der ersten in weiten Teilen meiner

Mutter gehört habe. Ich habe mich nie von ihr abgenabelt. Aber das erkenne ich erst jetzt, nach ihrem Tod.

Noch immer wohne ich in meinem Elternhaus. Das Haus und meine Mutter brachte ich sozusagen mit in die Ehe. Damals kam ich gar nicht auf die Idee, nein zu sagen, als meine Mutter uns eine Wohnung in ihrem großen Haus anbot. Sie war gerade Witwe geworden, fühlte sich einsam, brauchte mich, ihr einziges Kind. Das Leben von zwei – als meine Tochter Eva geboren wurde von drei – Generationen unter einem Dach verlief ohne größere Probleme. Erste Dissonanzen gab es, als Mutter anfing zu kränkeln. Immer Mittelpunkt gewesen, forderte sie meine Aufmerksamkeit und Hilfe über das normale Maß hinaus. Du sollst Vater und Mutter nicht nur ehren, sondern auch ihren Willen tun, war ein Gebot, das sie ausnutzte und ich befolgte. Denn ich hatte immer in ihrer unmittelbaren Nähe gelebt und war gewöhnt, ihr zu Willen und Diensten zu sein.

Hinterfragen hatte ich nicht gelernt. Dass es auch ein Leben ohne das Leitmotiv Mutter gab, hatte ich nie erprobt. Mit meinen nunmehr 56 Jahren, nachdem der Mollakkord ihres Sterbens langsam verklingt, beginne ich ein neues Leben in freier Improvisation. Ich funktioniere nicht mehr, ich gestalte nach eigenem Ermessen und genieße. Auch den Donnerstagnachmittag. Dann heißt es Primetime für Torsten.

»Heute kann es mit der Rückkehr etwas später werden«, sagte ich zu meiner Tochter Eva. »Wir wollen in den Stadtpark, die letzten schönen Herbsttage genießen ...« Sieben Monate ist Torsten, mein erstes Enkelkind, das mir fröhlich entgegenlacht. Durch ihn lerne ich wieder die Freude an kleinen Dingen, kann wieder staunen. Die Septembersonne wärmt noch, eine Parkbank lockt zur Rast. Torsten sitzt in seinem Kinderwagen und verfolgt aufmerksam ein Birkenblatt, das ganz langsam, auf einer Windwelle dahinsegelnd, in den schräg fallenden Sonnenstrahlen goldbraun aufleuchtend, auf seiner Patchworkdecke landet. »Da«, lacht er und sein zartes Händchen greift nach dem Blatt. Ein Windstoß nimmt es fort. Zwei andere Blätter wehen auf die Decke. »Ooh ...« Ich hebe Torsten auf meinen Schoß.

»Das ist ein Gruß von dem großen Birkenbaum«, plaudere ich. »Er verschenkt jetzt seine Blattkinder, weil er müde wird und schlafen möchte.«

»Dudada-a-e-i.« Torstens Sprachversuche klingen wie eine muntere Melodie. Er zappelt auf meinem Schoß, rüttelt an meiner Brille, kitzelt mich am Ohr. Ich spüre dankbar die Wärme seines Körperchens, die weiche Haut, freue mich an seinem Staunen, als er auf dem Weiher eine Entenfamilie entdeckt.

»Ohh ...«

Bald wird er auch Oma sagen können. Ich warte ungeduldig darauf wie vor langen Jahren auf das erste Mama meiner Tochter Eva. Aber, so sinniere ich, der Status einer Großmutter ist anders. Wenn ich gleich zu Eva zurückkehre, gebe ich nicht nur Torsten, sondern auch die Verantwortung für ihn wieder ab. Frei von Pflichten sein. »Da ist sie wieder, die Sehnsucht nach Freiheit«, denke ich verwundert. Warum nur? Eigentlich habe ich mich doch nie eingesperrt gefühlt. Aber vielleicht vereinnahmt? War ich zu sehr auf die Bedürfnisse meiner Familie, besonders die meiner Mutter fixiert? Oder bin ich nur noch zu sehr zermürbt, zu abgekämpft von der langen Pflege? Oder kranke ich an einer verspäteten Midlife-Krisis? Wer keine Sorgen hat, der macht sich welche, schießt es mir durch den Kopf.

Torsten ist in meinen Armen eingeschlafen. Ich lege ihn behutsam in den Kinderwagen zurück, lache innerlich über meine hausgemachten Probleme, straffe die Schultern und trete den Heimweg an.

Eva lebt anders als ich.

»Ich will eine eigene Wohnung«, verlangte sie nach der Beendigung ihrer Lehre und zog aus ihrem Elternhaus aus.

»Denke mal über eine Teilhaberschaft nach«, sagte sie zu ihrem Vater, als sie die Meisterprüfung im Friseurhandwerk erfolgreich bestanden hatte. Es folgten Heirat und der Umzug in einer größere Wohnung. Auch die Familienplanung klappte auf Anhieb.

»Eigentlich hast du alles erreicht, was du wolltest«, spinne ich den Gedanken weiter. Torsten ist gebadet, gefüttert und zu Bett gebracht. Sein Vater ist auf einer Sitzung. Eva und ich trinken noch ein Glas Tee und warten darauf, daß mein Mann mich abholt.

»Mühelos erreicht?«, wiederholt meine Tochter. »Du hast dich doch furchtbar gesträubt, als ich das heimische Nest verlassen und mit meinem Freund zusammen ziehen wollte. Und Vater von einer geschäftlichen Partnerschaft zu überzeugen, hat auch Mühe gekostet. Und jetzt steht wieder ein Problem an.«

»Ich höre.«

»Du liebst doch Torsten und kannst phantastisch mit ihm umgehen.«

Ich nicke.

»Du hast doch jetzt viel freie Zeit.«

Ich runzele die Stirn.

»Mir fällt mittlerweile die Decke auf den Kopf. Ich vermisse die Arbeit im Salon, die Gespräche mit der Kundschaft.«

»Ach ja?«

»Ruth, unsere beste Friseuse, wird demnächst an der Bandscheibe operiert und fällt monatelang aus.«

Ich weiß, was jetzt kommt und weiche innerlich zurück.

Eva spürt meine Reserve. Bittend umfaßt sie meine Hand. »Ich möchte dir Torsten bringen. Nur drei Mal in der Woche. Nur dienstags, mittwochs und donnerstags.«

»Nein«, schreit es in mir. Sich nicht schon wieder in die Pflicht nehmen lassen! Nicht schon wieder mit Blick auf die Uhr leben müssen. Nicht die gerade gewonnene Freiheit der eigenen Lebensgestaltung einschränken lassen. Nicht die gerade aktivierten Interessen in die Schublade Unerledigtes oder Wiedervorlage ablegen müssen. Aber das Nein will mir nicht über die Lippen.

»Was sagt dein Mann zu dem Plan«, weiche ich aus.

»Der ist einverstanden. Sehr sogar. Er meint, Kinderpflege füllt mich nicht aus. Zeitweise die gewohnte Arbeit zu tun, würde mich wieder ausgeglichener machen. In der letzten Zeit – nun ja – haben wir uns häufiger gestritten. Ich bin neidisch auf meinen Mann. Der arbeitet weiter an seiner Karriere. Der denkt nicht im Traum daran, den Erziehungsurlaub für sich zu nutzen. Das sei Frauensache, sagt er. Er freut sich beim Heimkommen auf ein sauberes, zufriedenes Kind, mit dem er spielen kann. Für mich bleibt der tägliche Kleinkram.«

»Emanzipation. Töchter pochen darauf. Für Großmütter bleibt sie ein Fremdwort.«

»Wie bitte?«

»Nichts, vergiß es. Ich habe nur laut gedacht. Aber – du hast doch auch eine Schwiegermutter. Könnte die nicht ...?«

»Die hilft ja mit. Sie übernimmt freitags und samstags ihren Enkel, wenn du im Salon aushilfst. Sonntags und montags, wenn wir geschlossen haben, bin ich dann ganz für Torsten da.«

In mir brodelt es. »Alles nach Plan. Strategisch bestens ausgeklügelt. Vergiß aber nicht den Stundenplan für die Mahlzeiten, die

Gebrauchsanweisung für die Pampers und den Blumenstrauß als Dankeschön.«

»Mutter, so bissig kenne ich dich ja gar nicht. Ich dachte, du freust dich, deinen Enkel einmal ganz für dich allein zu haben. Du sagst doch immer, der Donnerstagnachmittag mit Torsten geht viel zu schnell vorbei.«

»Das ist etwas ganz anderes. Das tue ich freiwillig und mit der Möglichkeit, abzusagen.«

»Die hast du natürlich auch bei der Die-Mi-Do-Regelung«, ereifert sich meine Tochter. »Wenn du deine Migräne hast oder etwas Besonderes anliegt, bleibe ich selbstverständlich Hause.«

»Wie rücksichtsvoll«, spotte ich. »Daß einfach mal bunmmeln zu dürfen für mich etwas Besonderes ist nach dem jahrelangen Angebundensein, kommt dir nicht in den Sinn. Ich gehe jetzt nach Hause und denke ein paar Tage nach. Soviel Zeit wird ja wohl noch sein.« Der Abschied ist ungewohnt kühl.

Ich denke nach. Nachts, wenn ich nicht schlafen kann, führe ich den Dialog zwischen Verstand und Gefühl. »Eva nutzt dich aus. Sie sagt bitte und meint, du mußt. Zurückstecken können, verzichten, das hat sie nicht gelernt.«

»Du hast es sie nicht gelehrt. Sie hat immer alles bekommen, was sie wollte. Du bist zu nachgiebig. Dir fehlt die Kraft zur Emanzipation. Du bist stark für andere, aber schwach gegen dich selbst.«

»Aber es macht doch Freude, noch einmal einem kleinen Kind Mutter zu sein.«

»Du bist nicht die Mutter. Du bist die Großmutter. Eva wälzt eine Pflicht auf dich ab, die in erster Linie sie zu erfüllen hat.«

»Aber die heutigen Frauen wollen beides, Kind und Beruf. Das will ich Eva ermöglichen. Warum sollte ich mich verweigern?«

»Weil du dich innerlich querstellst. Weil es wichtiger für dich ist, die Belastungen der letzten Jahre seelisch zu verarbeiten, statt dir sofort neue Pflichten aufzubürden.«

»Aber es ist doch keine Belastung, sondern eine Bereicherung, noch einmal ein Kind zu wickeln, zu füttern, mit ihm zu beten, es in den Schlaf zu singen, seinen kleinen Horizont weit zu machen.«

»Du vergißt, dass auch ermahnen, erklären, verbieten, Geschrei aushalten können und Konsequenz zum Erziehungsprogramm gehören. Dieses Programm festzulegen und durchzuführen ist Sache der Eltern. Du hast andere Vorstellungen, gestrige, um deutlich zu werden. Konflikte sind vorprogrammiert. Du wirst die Belastungen nicht aushalten. Aber coole Überlegung hat bei dir keine Chance. Warum debattierst du überhaupt noch mit deinem Verstand? Du hast dich doch längst entschieden. Aber denke an meine Warnung: Wer nicht hören will, muß fühlen.«

»Gerda, du hast einen Sprachfehler. Du kannst nicht nein sagen. Du läßt dich vermarkten.«

So kommentiert Freundin Nicole meinen Start zur Die-Mi-Do-Oma.

»Schluß mit dem Laissez-faire-Programm der Freifrau. Spot an für den Kinderkanal Torsten. Statt Englischkurs in der Volkshochschule Einführung in die Babysprache. Eine Karriere nach unten.«

Nicole ist eine Emanze. Ein überzeugter Single. Wir sind seit Kindertagen befreundet. Ich kenne ihre direkte Art. Trotzdem fühle ich mich verletzt. »Du hast weder Kind noch Enkel. Deshalb verstehst du mich nicht«, wehre ich mich. Wir sitzen in meinem Wohnzimmer und trinken Glühwein. Draußen tobt ein Herbststurm. Hausarrest für Torsten und mich. Er sitzt in seinem Kinderstühlchen und übt sich im Erzählen. Nicole zieht die Augenbrauen hoch.

»Höre dir das Gebrabbel an. Es ist ja niedlich, aber nicht im stillen Lesesaal der Stadtbibliothek. Dahin kannst du ihn nicht mitnehmen. Wieder ein Minuspunkt. Du übst dich im Entsagen.«

»Auf deine bissigen Bemerkungen kann ich verzichten. Sie sind nicht gerade aufbauend. Wenn du keine Kinder magst, dann brauchst du mich an den Die-Mi-Do-Tagen ja nicht zu besuchen.« Bekommt jetzt auch noch unsere Freundschaft einen Knacks?

Aber Nicole schüttelt lächelnd den Kopf. »Ich will dir helfen. Du steuerst auf eine Krise zu. Du hast dir zuviel vorgenommen. Eines Tages drehst du durch. Dann denke an mich. Ich bin immer für dich da.«

Nicoles Warnung kommt bei mir nicht an. Ich verstehe sie nicht. Noch nicht.

In den nächsten Wochen verschwende ich mich in der Fürsorge für mein Enkelkind. Es gibt in der Die-Mi-Do-Melodie den Ton an.

»Du verwöhnst Torsten«, knurrt Eva. »Lasse ihn brüllen, wenn ihm danach ist. Er will nur die Grenzen ausloten. Du schleppst ihn ständig mit dir herum. Setze ihn in den Laufstall. Die zeitweise

Begrenzung auf ein paar Quadratmeter Teppichboden hat mir auch nicht geschadet. Nimm Babykost. Ich habe dir genügend davon mitgebracht. Für dein püriertes Selbstgekochtes ist Torsten noch zu klein. Ich will nicht, daß du mit ihm betest. Wir erziehen ihn so, daß er sich später bewußt für oder gegen eine Religion oder eine kirchliche Bindung entscheiden kann. Mein Gott, Mutter, so kompliziert habe ich mir das alles nicht vorgestellt. So kenne ich dich ja gar nicht.«

Ich kenne mich selbst nicht mehr. Dreimal in der Woche für sieben Stunden Mutter zu sein und doch nicht zu sein, machen mich fertig. Abends bin ich ausgelaugt und müde. Das Wochenende reicht nicht zum Regenerieren. Im Umgang mit meinem Mann bin ich ungeduldig und gereizt.

»So kenne ich dich ja gar nicht«, wundert auch der sich. »Mach dich fein, wir gehen zu Konny. Dort gibt es schon Muscheln.«

Mich fein machen für einen Abstecher in unsere Eckkneipe wo es Muscheln gibt, die ich nicht mag? Aber vielleicht ergibt sich beim Essen eine trauliche Atmosphäre, die es mir möglich macht, über mein tatsächliches oder eingebildetes Versagen zu sprechen. Fehlanzeige. Denn zugleich mit der Speisekarte serviert Konny die Botschaft, daß er selbstverständlich gleich den Fernseher einschalten werde. »Das Fußball-Länderspiel, wissen Sie.« Dagegen habe ich natürlich keine Chance. Freifrau, du stehst auf der Verliererliste.

Ich möchte Großmutter sein und nicht Mutter. Ich möchte verwöhnen dürfen und muß erziehen. Ich möchte meinem Mann froh und ausgeglichen begegnen und bin nur noch gereizt. Ich möchte meinen Entschluß rückgängig machen, aber mir fehlt der Mut zu einem klärenden Wort. Ich flüchte in eine angebliche Migräne.

»Heute kannst du mir Torsten nicht bringen. Mir geht es miserabel.«

Eva reagiert betroffen auf meinen frühen Anruf, versucht mich umzustimmen.

»Gerade heute, wo ich Irene Müller zugesagt habe, ihre Brautfrisur auszuprobieren. Kannst du nicht doch ...?«

»Nein.« Das Wort hängt lange feindlich im Raum. Ich krieche wieder ins Bett, ziehe die Decke über den Kopf. Statt den durch eine Lüge erkämpften freien Tag zu genießen, plagt mich das schlechte Gewissen. Erst am Nachmittag rappele ich mich auf. Überlege, daß ein schönes Abendessen zu Hause auch ein guter

Einstieg für ein ernstes Gespräch mit meinem Mann sein könnte. Neben dem Labsal für den Magen auch etwas Nettes fürs Auge? Ich greife zum Make-up. Im Spiegel begegnet mir ein blasses Gesicht mit müde aussehender Haut und Ringen unter den Augen. Ein Hoch der Kosmetikindustrie mit ihrem Wohlfühl-Programm. Einen strahlend schönen Teint schenkt Ihnen ... Ich bin zufrieden. Strecke meinem Spiegelbild vergnügt die Zunge heraus. Summend treffe ich in der Küche die letzten Vorbereitungen. Jetzt dreht sich der Schlüssel im Schloß. In der Tür steht ein zornsprühender Mann.

»Das kannst du nicht machen, wegen ein bißchen Kopfschmerz einfach deine Verpflichtungen absagen. Irene war stinksauer, daß Eva sie versetzt hat. Eva ist nun mal der kreativste Kopf in unserem Team. Ihre peppigen Frisurideen ziehen die junge Kundschaft an. Eva soll sich weiterbilden. Ich habe sie zu einem zweiwöchigen Seminar angemeldet. Torsten kommt währenddessen zu uns. Dann darfst du mir aber nicht solche Faxen machen wie heute.«

Ich bin wie erstarrt.

»Was stehst du da wie Lots Weib? Das bißchen Kindermuhme spielen wirst du doch noch schaffen. Was gibt's zu essen?«

Am nächsten Morgen habe ich wirklich Migräne. Der Schmerz krampft sich von der linken Nackenhälfte durch sämtliche Gehirnwindungen bis in die Stirn. Die schräg ins Schlafzimmer fallenden Strahlen einer blassen Novembersonne graben sich stechend ins linke Auge. Mein Magen rebelliert. Mein Mann telefoniert. Meine Tochter opponiert. Ihre Mutter kapituliert. Mir ist alles egal. Irgendwann verläßt mein Mann wortlos die Wohnung. Ich bin allein.

Am Nachmittag, als die zweite Tablette zu wirken beginnt und das heiße Duschwasser meinen Nacken massiert, denke ich an Nicoles Prophezeiung. »Eines Tages drehst du durch. Dann denke an mich. Ich bin immer für dich da.« Noch tropfnaß, nur in ein Badetuch gewickelt, suche ich nach Nicoles Handynummer. Das Verkehrsgebrumm verrät, daß sie im Auto unterwegs ist und das Telefonierverbot während der Fahrt mißachtet.

»Packe ein paar Klamotten in eine Tasche. Auch Nachtzeug, hörst du. In einer halben Stunde bin ich bei dir und hole dich ab.«

Als sie klingelt, sitze ich neben der gepackten Tasche mit dem festen Vorsatz, sie wieder auszupacken. Aber meine Freundin läßt mir keine Zeit, dem Wenn und Aber meiner Unentschlossenheit Worte zu geben.

»Gerda, du brauchst Abstand, Ruhe und Zeit zum Nachdenken. Ich bringe dich jetzt in meine Wochenendkate.«

Die Haustür fällt hinter uns ins Schloß. Ausgesperrt. Geflüchtet wie eine junge Katze, der man den Freigang verwehrt hat. Nicole spürt meine Rückwärtsbewegung und schubst mich energisch auf den Beifahrersitz. Ich schließe die Augen. Ich will nichts sehen, nichts hören, nichts verantworten, nichts erklären, nichts abbitten. Ich will auch nicht weinen. Trotzdem rinnt mir das ganze Zuviel der letzten Wochen naß aus den Augen.

»Höre auf mit dem seelischen Aquaplaning. Im Handschuhfach sind Tempos. Leg dich trocken, wir sind gleich da.«

Hinter Nicoles schnoddrigen Worten spüre ich dankbar ihr Mitgefühl und ihr Bemühen, mein schwankendes Seelenleben wieder auf feste Füße zu stellen. Ihr kleines Holzhäuschen liegt direkt am See und ist mir noch unbekannt. Das lenkt mich ab.

»Es ist mein ganz privates Sanssouci. Ohne Fernseher und Video. Aber mit Idylle pur vor dem Fenster. Genieße sie. Ich fahre jetzt zu deiner Familie und erkläre ihr, daß du eine verspätete Kur angefangen hast. Und du legst dich mit meinem Mosel Spätlese ins Bett. Bis morgen.«

Dank Wein und einer Schlaftablette vergesse ich die Welt. Sie meldet sich am nächsten Morgen bimmelnd zurück. Es ist Nicole, die mir fröhlich die Betroffenheit meiner Familie übermittelt.

»Nein, ich habe ihnen nicht gesagt, wo du dich aufhältst. Ich habe aber ihrem Egoismus die rote Karte gezeigt und ihnen ein paar Stunden Nachdenkzeit verordnet. Und du läßt bitte die Finger vom Telefon. Mache dir einen schönen Tag. Tschüß.«

Der schöne Tag besteht darin, daß ich mein schweres Herz am Seeufer spazieren trage. In einer Gaststätte mit Blick auf das grünlich schimmernde Gewässer versuche ich mich an einem Omelett natur. Der anschließende Kaffee muntert mich auf. Ich beginne nachzudenken. Analysiere das oft Gedachte, wortlos Formulierte, aber nie Ausgesprochene zu einer druckreifen Rede. Filtere Gefühl von Fakten. Als Bodensatz bleibt: Ich will ohne moralischen Druck frei entscheiden, ob und wie oft ich mich in die Pflicht nehmen lasse. Das muß ich den Meinen ganz entschieden klar machen. Ich will um ein Stück Freiraum kämpfen.

Aber meine sorglich zusammengetragene und schön geordnete Rede bleibt ungeredet. Denn es ist ein ziemlich zerknirschtes Duo, das sich am frühen Abend von Nicole geleitet aus dem Auto schält.

Blumen von meinem Mann als Pardon für Lots Weib und die Kindermuhme. Küßchen rechts und Küßchen links von Eva.

»Ich besorge was zu trinken«, sagt Nicole und macht sich unsichtbar.

Am liebsten hätte ich es ihr nachgemacht. Meine wieder sprießende mädchenhafte Schüchternheit, meine erwachsene Feigheit schreien nach einer Tarnkappe. Aber die Stunden in Nicoles Sanssouci haben mich gelehrt, daß ich diesmal klipp und klar Position beziehen muß. Sachlich, aber konsequent, muß ich meinen beiden liebsten Menschen erklären, daß ich nicht länger bereit bin, mich ausnutzen zu lassen. Es ist nicht Egoismus, sondern Selbstschutz, verteidige ich mich vor mir selbst.

Wir sitzen um Nicoles runden Weidenholztisch. Mein Mann, Eva und ich. Keiner wagt das erste Wort. Drückende Stille. Meine Augen tasten sich von Gesicht zu Gesicht. Ich hole tief Luft. Aber bevor ich den ersten Satz formuliert habe, fasst Eva meine Hand.

»Warum hast du nicht deutlich gesagt, wie dir ums Herz ist?«

»Weil ich keinem wehtun wollte. Das war falsche Zurückhaltung, die keinem genutzt und uns allen geschadet hat. Also deutlich und zum Mitdenken: Ich bin Ehefrau, Mutter, Großmutter und eine Frau mit Namen Gerda. Diese Gerda kommt bei der Aufgabenverteilung zu kurz. Das möchte ich ändern. Macht ihr mit? Helft ihr mir, aus der Die-Mi-Do-Oma eine Mi-Do-Na-Oma zu machen?«

»Eine was?«

Eine Großmutter, die gern und mit voller Bereitschaft an jedem Mittwoch- und Donnerstagnachmittag auf Torsten aufpaßt. Die sich nicht gegen die Erziehungsprinzipien von Eva wehrt, sondern mit ihr darüber diskutiert. Der ganze Dienstag und die beiden Vormittage gehören dann der Freifrau Gerda, und die kann mit dieser Zeit machen, was sie will. Bummeln, in die Bibliothek gehen, einen Gymnastikkurs belegen, vielleicht sogar ab und zu Kindermuhme spielen. Aber eben nur ab und zu und aus freiem Willen. Seid ihr mit diesem Kompromiß einverstanden?«

In dem Moment lauert Nicole durch einen Türspalt. Als sie ihre Gäste sich küssen und umarmen sieht, seufzte sie erleichtert auf.

»Endlich. Freie Fahrt für die Freifrau. Und jetzt gibt es Freibier für alle.«

VERA: PROFESSOR OMAMA

Omama, warum packst du die Eier zum Färben in einen Lappen? Dann kriegen sie doch gar keine Luft. Guck mal wie Mutti das macht. Die Eier sind ganz doll schön rot. Sie sind auch nicht eingepackt, die dürfen in der Farbe schwimmen.«

»Die schwimmen nicht in Farbe, sondern in der Flotte«, murmele ich und versuche eine Erklärung:

»Pass mal auf, Urselchen. Das, was du siehst, das ist die Farbe. Die Eier, die schon fertig sind, haben eine rote Farbe. Womit du sie rot machst, das ist der Farb*stoff*. Den löst du in Wasser auf, das ist die Farbstofflösung, auch Flotte genannt.«

»Mutter, höre auf zu dozieren. Du hast keine Studentin vor dir sondern dein dreijähriges Enkelkind.

»Na und? Es kann doch von vornherein die richtigen Begriffe lernen, dann hat es ...«

»Omama! Ich will wissen, warum du die Eier in Lappen wickelst und sie dann noch viel bunterer werden als Mutti ihre.«

»Die Eier werden in Lappen gewickelt und sind bunter als die von der Mutti gefärbten«, korrigiert meine Tochter.

»Hahaha. Und wer doziert jetzt?«

»Omama! Jetzt sag doch mal endlich, warum die Eier gewickelt sind!"

Ein schmunzelnder Blick fliegt zu meiner Tochter, dann hole ich mir Ursel an den Tisch und erkläre, daß die Lappen zerschnittene Krawatten vom Uropa sind. Reine Seide, mit ... auweia, wie erkläre ich einem Mini-Mädel die fehlende Affinität mancher Farbstoffe zum Substrat oder die miserablen Echtheiten von kationischen Farbstoffen auf Seide? Ich versuche es auf meine Art:

»Ursel, Mutti hat dir doch neulich ein weißes T-Shirt mit einem blauen Elefanten gekauft. Dann hat Mutti das T-Shirt gewaschen ...«

„... und der Elefant war ganz hell und das weiße Hemd blau und ich habe furchtbar geweint, weil es ver... versaut... weil es hinüber war.«

»Richtig. Der Elefant wußte nicht, daß er mit dem falschen Farbstoff gefärbt war. Er konnte das Blau nicht festhalten, es wanderte beim Waschen ins Seifenwasser und machte es blau. Der weiße Stoff vom T-Shirt freute sich über die blaue Brühe und sagte, komm her zu mir, ich mag dich. Der Elefant schimpfte zwar furchtbar, daß er seine schöne blaue Farbe an das T-Shirt verlor, aber es nutzte ihm nichts. Jetzt hat er Streit mit dem T-Shirt und will nicht mehr gewaschen werden.«

»Hmm, habe ich kapiert. Aber nun sage endlich, warum die Eier mit den Lappen ... Ach so, die Lappen sind wie der Elefant und die Eier sind das T-Shirt und die Farbe wandert vom einen zum anderen und darum sind die Eier nachher bunt und die Lappen ganz blaß.«

»Urselchen, du bist Spitze«, jubele ich, hebe das zierliche Figürchen hoch und spiele Karussell, rund und rund und rund, bis wir beide ganz außer Atem sind.

»Professor Omama, erklärst du in der Schule die komplizierten Färbevorgänge auch auf so primitive Art«, frotzelt meine Tochter.

»Nun, ein paar Etagen höher angesiedelt sind die Erklärungen schon, aber doch so, daß die Textildesigner, die von Chemie keine Ahnung haben, sie verstehen können.«

»Und ich verstehe, daß man dich auch nach deiner Pensionierung als Lehrbeauftragte wieder geholt hat. Wie lange willst du eigentlich noch nach Krefeld fahren und Vorlesungen halten, Frau Professor emeritus?«

»Spotte du nur. Aber so lange sich noch genug Studentinnen für den Fachbereich Textildesign einschreiben und die Stelle der Lehrbeauftragten nicht dem Rotstift zum Opfer fällt, mache ich weiter. Mir macht die Arbeit Spaß, warum sollte ich sie aufgeben?«

»Warum solltest du«, murmelt Birgit. »Übrigens, Ostern kommt Paul nach Hause.«

»Papa kommt?« Ein Schatten huscht über Urselchens Gesicht, fast ein Erschrecken. Was hat sie nur? Warum freut sie sich nicht? Ist Paul zu lange weg gewesen für ein kleines Kind, dem zwei Monate wie eine Ewigkeit vorkommen müssen? Mein Schwiegersohn arbeitet als Ingenieur für einen großen Maschinenbauhersteller und ist viel unterwegs. Im letzten Jahr ist er besonders oft und lange im Einsatz gewesen. Ob Ursel deshalb fremdelt? Ich schaue zu meiner Tochter Birgit, aber die hat sich abgewandt und sortiert die gefärbten Eier in eine Pappschale.

»Kommt ihr am ersten Feiertag zu mir? Der Osterhase war bestimmt da und hat Eier versteckt. Oder möchtest du lieber mit Paul und Ursel allein sein nach der langen Trennung?«

»Ich weiß noch nicht so recht ...«

Birgits Unsicherheit bereitet mir ein undefinierbares Unbehagen. Auch daß Ursel sich wie Schutz suchend an ihre Mutter schmiegt, befremdet mich für einen Moment. Karfreitagspsychose, denke ich unmutig. »Und werf all Angst, Furcht, Sorg und Schmerz in Meerestiefen hin«, geht es mir summend durch den Kopf. Ich will ja gern werfen, aber was?

Als Birgit und Ursel nach Hause gegangen sind und meine Küche wieder weiß, daß sie eine Küche und kein Färbereilabor ist, versuche ich meinem Unbehagen auf den Grund zu schauen. Ich schaue vergeblich. Seit vier Jahren sind Birgit und Paul verheiratet. Als Ursel geboren wurde, gab Birgit ihren Beruf als Bankkauffrau auf und begann die dreijährige Erziehungszeit, die bald abgelaufen ist. Dann muß meine Tochter sich entscheiden, ob sie zurück in den Beruf will. Aber es sieht im Moment nicht danach aus, denn wer soll Ursel versorgen? Paul ist viel unterwegs. Seine Firma erhielt mehrere große Auslandsaufträge und hat ihn abgestellt, vor Ort den Aufbau der Maschinen zu beaufsichtigen und Fachkräfte einzuweisen. Bisher gab es immer ein Freudenfest, wenn Paul heimkam. Dann trank er zwar einen über den Durst, aber welcher Mann freut sich nicht auf heimisches Bier?

Bier ist das Stichwort für meinen Durst. Ich hole mir eine Flasche aus dem Kühlschrank, gieße mir ein schönes schäumendes Pils ein und werfe den Computer an. Das Manuskript für ein Handbuch der Färberei hungert nach Folgeseiten und der Verlag nach Fertigstellung. Wo war ich stehengeblieben? Nein, nicht beim Eierfärben mit Uropas uralten Krawattenzipfeln, sondern bei den Färbeverfahren: Echt Indigo – das Färben mit Naturfarbstoffen. Wolle will Verbindung haben – das Färben tierischer Fasern. Lust auf Salz – das Färben cellulosischer Fasern. Die falsche Seide – das Färben von ...

Irgend etwas war falsch an Birgits Benehmen. Keine Freude auf das Wiedersehen, keine Lust auf Paul, Erschrecken statt Verbindung? Das Pils wird warm und die Erklärung, warum Polyesterfasern keine reaktionsfähigen Gruppen haben, bleibt angesichts der merkwürdigen Reaktion von Birgit und Ursel ungeschrieben. Aber ich erinnere mich an das ungeschriebene Gesetz für alle

Mütter und Schwiegermütter, sich nicht in die Intimsphäre junger Paare einzumischen. Vielleicht habe ich beim Eierfärben zuviel Rot gesehen und übersehen, daß die Ampel längst auf Grün steht. Also weg mit den trüben Gedanken und freie Fahrt für die junge Familie.

Ostermorgen. Die Sonne ist schon früh aufgestanden und hat den Tau von den Gräsern gewärmt. Die Vögel jubilieren. Die Kirchenglocken singen ihr Festhalleluja. Mümmelmann war schon tätig und hat die Eier versteckt. Der Kaffee duftet, aber er schmeckt nicht. Ich warte auf einen Ostergruß, aber das Telefon schweigt. Endlich, nachdem eine Toastscheibe verbrannt ist und das Frühstücksei das Tischtuch bekleckert hat, zeigt das Telefon, daß es auch eine Stimme hat. Es ist die von Birgit, die mir etwas unsicher ›Frohe Ostern‹ wünscht und gleich noch einen Wunsch nachschiebt. Ob es mir etwas ausmacht, Ursel für heute und morgen zu betreuen? Paul sei gestern angekommen und er möchte mit ihr allein ...«

Natürlich, das junge Paar hat ein Recht auf Zweisamkeit nach so langer Einsamkeit. Wofür hat Ursel eine ganz in der Nähe wohnende Oma. »Soll ich die Kleine abholen? Nein, du bringst sie, bist dann aber gleich wieder weg?“ Alles im grünen Bereich, alles nach Wunsch. »Frohe Ostern auch an Paul.«

Was meinst du, Ursel, sollen wir eine Bootsfahrt machen?«

»Ooch, ich weiß nicht.

»Oder sollen wir in den Zoo gehen?«

»Nein, nicht in den Zoo.«

»Möchtest du denn mit mir spazierengehen?«

»Ich habe keine Lust.«

Merkwürdig, sonst sprüht Ursel vor Leben und ist kaum zu bremsen. Warum hat sie heute für nichts Interesse?

»Was sollen wir heute tun an dem wunderschönen Ostertag?«

»Am liebsten möchte ich hier bleiben und mit dir kuscheln.«

»Bist du krank? Hast du Halsweh oder Bauchschmerzen?«

»Nein, nein, nicht krank.« Ursel zieht mich auf die Couch und schmiegt sich eng an mich. »Spielen wir Räuber?«

Gut, wir spielen Räuber. Das ist ein selbst ausgedachtes Spiel. Wir bauen mit Decken eine Höhle, kuscheln uns darin eng aneinander und beobachten aus unserer schützenden Hülle einen fiktiven Räuber. Der sucht nach einem Eingang, findet ihn aber nicht, grollt und brummt über sein vergebliches Bemühen und trollt sich endlich. Schon oft haben wir unsere Phantasie auf die Art spielen lassen, aber noch nie ist mir der Gedanke gekommen, daß Ursel sich tatsächlich auf irgendeine Art bedroht fühlen könnte.

»Omama, du mußt aufpassen. Du mußt die Decke gut zusammenhalten, sonst findet der Räuber ein Loch und kommt rein.« Ursel ist voll in das Spiel vertieft. Keine Verdrossenheit, kein Desinteresse mehr. Alles wie immer, und doch ...

»Oma, du mußt gut aufpassen.« Was Ursel ohne Hintergedanken im Spieleifer plaudert, bleibt bei mir als leise Mahnung hängen. Die Dreijährige hat ihre Lustlosigkeit vom Morgen längst in Tatendrang umgemünzt. Wir haben im Tiergarten Osterlämmchen gestreichelt, uns einen Namen für ein kleines Fohlen ausgedacht und über die Sprechversuche eines Beo gelacht. Wir haben Eis gegessen und zu Hause dann auch noch die fast vergessenen Ostereier gesucht. Wir haben Schwarzer Peter gespielt und schließlich habe ich eine gar nicht müde Ursel, der fast die Augen zufielen, in ihr Gastbettchen gebracht.

»Erzählst du mir noch eine Geschichte«, gähnt sie mir entgegen.

»Erst erzählst du dem lieben Gott, wie es denn heute war.«

»Lieber Gott, ich danke dir für die lieben Lämmchen und daß ich beim Schwarzen Peter gewonnen habe. Oma Vera ist doll lieb und auch meine Mama. Mach, daß sie nicht mehr weinen tut und gib meinem Papa ganz viel Mut. Ich weiß zwar nicht wofür, aber Mama wünscht es sich. Und ich wünsche mir morgen einen genau so schönen Tag wie heute. Gute Nacht, lieber Gott. Amen.«

Gute Nacht, lieber Gott? Du schenkst mir diesmal keine gute Nacht und das Amen bleibt ungesprochen. Denn eine ganze Kompanie Fragezeichen paradiert im Viertelstundenrhythmus an mir vorbei. Was stimmt nicht in der jungen Familie? Weshalb hat Birgit geweint? Wofür braucht Paul Mut? Warum wollen die beiden allein sein? Kriselt es in der Ehe oder in der Firma? Warum sucht Ursel Schutz? Was hat das Kind gesehen oder erspürt? Darf ich es behutsam ausfragen?

Beim Frühstück probiere ich es:

»Wenn Mama geweint hat, dann war sie doch traurig. Hat Papa sie nicht getröstet?«

»Ja, schon. Aber vorher hat er mit ihr geschimpft. Ganz bös war er, ganz böse Worte hat er gesagt, die ich nicht verstanden habe. Dabei war er doch zuerst so lustig und hat mit ihr gelacht und mit mir gespielt. Aber dann hat er gesagt, daß er jetzt länger zu Hause sein darf und nicht wieder weit weg muß. Das ist doch prima. Aber Papa findet das gar nicht prima, er hat auf die Firma geschimpft und dann auf Mama. Und dann hat Papa Bier getrunken und noch viel mehr geschimpft. Und dann, und dann ...«

Ich nehme das zitternde Kind in den Arm und streichele ihm beruhigend übers Haar. »Und was war dann? Möchtest du es mir sagen?«

»Aber ich soll doch nicht petzen.«

»Das ist nicht gepetzt. Das ist geholfen. Wir wollen doch beide, daß Papa und Mama sich wieder gut sind. Aber ich kann nur helfen, wenn ich weiß, was passiert ist.«

Ursel verbirgt ihr Gesicht in meinem Schoß. Aber sie sagt nichts mehr. Sie bestätigt mir dadurch meine Ahnung, daß mehr vorgefallen sein muß als ein normaler Streit unter Eheleuten. Ich weiß, daß mein Schwiegersohn leicht aufbraust und dann Mühe hat, sich im Zaum zu halten. Ob ihm die Hand ausgerutscht ist? Das Herz wird mir schwer.

»Möchtest du Ursel nicht noch ein paar Tage hier lassen? Wir haben uns gerade so schön aneinander gewöhnt«, frage ich meine Tochter, als sie am Abend des Ostermontag allein, ohne Paul, vorbeikommt, um Ursel abzuholen.

»Nein. Paul hat vier Wochen Urlaub. Die wollen wir ausnutzen. Komm Ursel, der Papa wartet.«

Wortkargheit ihrerseits, Diskretion meinerseits. Es bleibt ungesagt und ungefragt, was trotzdem faßbar in der Luft hängt. Ich wünsche eine schöne Zeit und sie sagt vielen Dank und dann nimmt sie ihr Töchterchen an die Hand und schließt energisch die Korridortür hinter sich. Auf dem Tisch bleibt die Schale mit den gefärbten Eiern vergessen zurück. Ein Fingerzeig?

Als ich am nächsten Tag gegen Mittag an der Wohnung von Birgit klingele, um Ursel die vergessenen Eier zu bringen, öffnet nur die Nachbarin ihr Fenster und sagt mir, daß die Familie Brauner bereits in der Frühe weggefahren sei. »Es sah nach einer Reise aus, denn sie hatten einen Koffer und eine Reisetasche dabei«, zeigt sich die Nachbarin bestens informiert. Ich gehe beruhigt nach Hause. »Wem der Sinn nach einem gemeinsamen Ausflug steht, kann nicht miteinander verkracht sein«, denke ich und hofiere meinen Optimismus. Aber der zeigt sich zerbrechlich, und aus den Rissen lugen die Bedenken: wohin der plötzliche Aufbruch, von dem doch gestern Abend noch keine Rede war? Und wenn es ein spontaner Entschluß war, warum dann kein informierender Anruf an die Oma? Birgit weiß doch, daß ich kein Sorglos-Typ bin. Ob Paul dahintersteckt? Seine und meine Wellenlängen laufen zwar manchmal konträr, aber zur Zeit herrscht meiner Kenntnis nach Burgfrieden. Nach fünf Tagen immer wieder aufflackernder Unruhe läßt mich die Nordsee per Postkarte grüßen. Auf der Vorderseite und mit einem prachtvollen Sonnenuntergang. Auf der Rückseite erzählt der Poststempel, daß es keine Orte, sondern nur noch anonyme Briefzentren gibt. Paul sendet schöne Urlaubsgrüße, die auch Birgit unterschrieben hat. Ursel hat ein Strichmännchen gemalt und ihre Mutter hat darunter geschrieben: Omama soll auf den Räuber aufpassen und die Ostereier in der Höhle verwahren.

Ein kindliches Feedback an ein nettes Spiel am Ostertag? Ich beschließe, es so zu sehen und mich auf meine eigene Arbeit zu konzentrieren, statt mich mit fiktiven Sorgen zu belasten. Nach den vorlesungsfreien Tagen hat das Semester wieder begonnen. »Für heute haben wir uns das Thema Indigo vorgenommen«, doziere ich. Und um das Interesse wachzuhalten, werde ich aktuell: »Es ist der Farbstoff, mit dem die Jeans blau gefärbt werden. Der Naturfarbstoff Indigo wird heutzutage synthetisch hergestellt. Er fällt unter die Kategorie der Küpenfarbstoffe und ist ein wasserunlösliches Pigment. Das heißt, um mit ihm färben zu können, muß er in die wasserlösliche Form ...«

»Ja, was ist denn?« Wer mich während der Vorlesung stört, riskiert ein paar unmutige Bemerkungen. Aber die Dame mit dem schnurlosen Verfolger macht es furchtbar dringend. Und die Stimme am anderen Ende der Leitung tut es ihr nach.

»Mutter, es ist so entsetzlich. Ursel muß hier weg. Paul ist dauernd ...«

Verbindung unterbrochen. Leitung tot! Aufgelegt?

Woher kam der Verzweiflungsruf?

Mit aller Kraft reiße ich mich zusammen. Führe die Vorlesung zu Ende, ohne genau zu wissen, was ich gesagt habe. Dann stürze ich in die Telefonzentrale, aber dort kann man mir auch nicht sagen, woher der Anruf kam. Was tun? Ich fahre nach Hause, schlendere an Birgits Wohnung vorbei, hoffe auf die stets informierte Nachbarin. Sie liegt beobachtend im Fenster und spricht mich auch an:

»Brauners sind noch nicht zurück. Die Tageszeitungen stapelten sich vor der Tür. Ich habe sie zu mir hereingenommen, damit Diebe nicht auf krumme Gedanken kommen. Haben Sie Nachricht von Ihrer Tochter?«

Ich gebe den Kartengruß mit dem schönen Sonnenuntergang zum Besten und denke, daß es dort, wo er herkommt, nicht zum Besten steht. Ob Paul zu tief in den Kümmel geguckt hat oder der kühlen Nordseebrise mit steifen Grogs Kontra bietet und dann ausfallend wird? Ich eile nach Hause, aber auch der Anrufbeantworter gibt keine Antwort. Ich kann nichts tun. Zwei Tage vergehen. Vollgestopft mit Ahnungen und verdammt zur Untätigkeit komme ich mir vor wie eine sprungbereite Tigerin im Käfig. Ein Streit zwischen Mann und Frau ist schlimm und hinterläßt Wunden. Aber bei einem Kind können Verletzungen entstehen, die nie vernarben. Ich bange um Ursel. Was tut man dieser Kinderseele an? Wer ist der Räuber und wo die bergende Höhle?

Am Abend des dritten Tages klingelt es Sturm und bummert es an der Flurtür. Das gemischte Doppel signalisiert Eile. »Birgit«, denke ich erleichtert und rase zur Tür. In der Öffnung steht ein leichenblasser Paul und schreit mir seine Verzweiflung entgegen: »Birgit ist weg. Ursel ist weg. Sind sie hier?«

Aus der gegenüberliegenden Korridortür lugt ein interessiertes Gesicht. Ich ziehe Paul schnell in die Diele. Umschnüffele ihn, aber meine Nase riecht keine Fahne. Dem Herrgott sei Dank. »Hier ist keiner, leider. Aber du sagst mir jetzt um Himmelswillen, was gespielt wird.«

Ich drücke Paul in einen Sessel. Laufe wie eine immer noch gefangene Tigerin rund um den Tisch. Paul fängt mich ein.

»Vera, setz dich bitte hin. Es wird länger dauern.«

Und dann bricht es aus ihm heraus: daß er kein Typ ist, der das lange Fernbleiben von seiner Frau verkraftet. Daß er deshalb begonnen hat zu trinken. Daß aus dem Trinken unkontrolliertes Saufen wurde. Daß er im Suff einen japanischen Arbeiter verprügelt hat, was zu ernsten Differenzen zwischen ausländischem Auftraggeber und heimischer Lieferfirma geführt hat. Daß seine Firma ihn zurückbeordert, ihm eine Abmahnung zugestellt und Zwangsurlaub verordnet hat. Daß er aus Wut, Angst und Sorge um seine Existenz wieder zum Alkohol gegriffen hat. Daß er im benebelten Kopf mit Birgit Streit angefangen hat. Nicht erst jetzt, schon beim letzten Heimkommen. Daß seine Frau ihn ermahnt, ihn angebettelt, angefleht hat, das Trinken aufzugeben, aber daß sie ihm nicht wirklich zugehört hat. »Sie hat meine Flucht in den Alkohol nicht hinterfragt, hat nur die Folgen, nicht die Ursache gesehen. Sie wollte ihre heile Welt behalten, die Sicherheit meiner Arbeit, die ich so nicht mehr will und verkrafte. Es kam so vieles zusammen, und dann bin ausgerastet und habe sie geschlagen. Ostern, als Ursel dabei war. Das alles tut mir entsetzlich leid. Wir haben uns wieder versöhnt und sind weggefahren, weil ich Abstand von allem wollte. Aber an der Nordsee war es kalt. Ich habe mir einen hinter die Binde gegossen, und noch einen und noch einen und dann bin ich wieder ausgerastet. Und am nächsten Morgen war Birgit mit Ursel weg. Verschwunden. Ohne Nachricht. Aber mit Reisetasche. Ich hoffte, sie wären zu Hause. Oder hier??«

Bei allem Entsetzen über Pauls Beichte: Ich bin froh, daß Birgit die Notleine gezogen hat. Mit ihrer Flucht will sie Ursel schützen und Paul einen dicken Denkzettel verpassen, das wird mir klar.

»Ich habe keine Ahnung, wo sie steckt«, sage ich der Wahrheit gemäß. »Aber sie hat ihr Gepäck mit genommen. Das ist beruhigend. Sie wird sich melden, wenn sie zur Ruhe gekommen ist.«

»Gibst du mir sofort Nachricht, wenn ...?«

»Das muß Birgit entscheiden.«

Paul sackt in sich zusammen und beißt seine Verzweiflung in ein Sofakissen. Ich schwanke zwischen Mitleid und Genugtuung. »Wie wäre es mit einer Entziehungskur«, werde ich direkt.

»Waaas? Nie! Ich bin doch kein Alkoholiker!«

»Ach, und wie bezeichnest du deine unkontrollierte Trinksucht und deine Ausfälle gegenüber Frau und Kind? Der Alkohol steigert deine Aggressivität, macht dich hemmungslos und gewaltbereit. Der Mißbrauch von ...«

»Danke, Professor Omama. Das reicht an Belehrung.«

»Lieber Herr Schwiegersohn, wenn du es denn bleiben willst, muß deine Reuephase etwas länger und intensiver ausfallen. Dir nutzen weder Selbstmitleid noch Trotz. Gehe nach Hause und denke nach, ob du deine Familie behalten willst. Wenn ja, mußt du dich ändern, und dazu brauchst du Hilfe von außerhalb. Es gibt gute Suchtberater und ambulante Therapien. Und rede mit deinem Arbeitgeber.«

»Bevor Birgit sich nicht gemeldet hat, tue ich gar nichts.«

»Auch nichts Alkoholisches trinken«, mahne ich, als ich Paul hinausbegleite. Aber ich bin nicht überzeugt, daß er mir zugehört hat.

Seit zwei Tagen sind Birgit und Ursel verschollen. Ich warte ungeduldig darauf, daß sie sich bei mir melden und traue mich kaum vom Telefon weg. Dann komme ich auf den fatalen Gedanken, daß Paul mich angelogen haben könnte und er Frau und Kind mißhandelt, mehr als mißhandelt, verschleppt, mehr als verschleppt, im Kofferraum an den Strand transportiert ... ich werde ganz still vor Schrecken über meine grauenvollen Visionen. Mein Entsetzen funkt SOS. Meine Finger zielen Richtung 110, zucken zurück. Bin ich Tatort verseucht? Oder gibt es einen Tatort, irgendwo an der Nordsee, wo die Sonne blutrot untergeht und die Orte anonym bleiben, weil sie alle Briefzentrum heißen? Ich starre auf das Telefon wie die Schlange auf das Kaninchen – und zucke zusammen. Es hat tatsächlich gebimmelt!

»Birgit, bist du es?«

Sie ist es. Meine Erleichterung rast durch das Kabelnetz bis ... »Wo bist du denn? Was ist passiert?«

»Das kann ich dir nicht am Telefon sagen. Können wir uns treffen? Nicht bei dir und auch nicht in unserer Wohnung. Irgendwo außerhalb. Im Botanischen Garten, in einer halben Stunde? OK?«

Meine Tochter kommt allein. »Wo ist Ursel?«

»In guter Obhut. Mache dir keine Sorgen. Ihr ist nichts passiert.«

»Aber dir?« Ich sehe ihr forschend ins Gesicht und erschrecke. Ein ins Gelbe verblassender Bluterguß macht meine Ahnung zur Gewißheit. Vorsichtig streiche ich über die mißhandelte Gesichtshälfte. »Pauls Handschrift?«

Birgit nickt. »War er bei dir? Hat er erzählt, was er angerichtet hat? Dann kann ich mir ja weitere Erklärungen sparen, denn ich bin überzeugt, daß er nicht gelogen hat.«

»Soviel Vertrauen setzt du noch in deinen Peiniger?«

»Ach Mutter, ich weiß ja, daß er aus Verzweiflung gehandelt hat, daß er aus Sehnsucht, Wut und Trotz das Trinken begonnen hat, daß daraus alles andere resultiert. Einerseits verstehe ich Paul, andererseits konnte ich nicht mehr mit ansehen, wie er immer würdeloser wurde, wie der Mann, den ich liebe, sich selbst zum Säufer und Schläger degradiert. Und daß Schlimmste war, daß Ursel einen Teil der Auseinandersetzungen mit erlebt hat. Ich habe dich angerufen, aber dann gab die Telefonkarte den Geist auf und ein zweites Mal gelang es mir nicht, unbeobachtet zu telefonieren. Als Paul dann wieder anfing zu brüllen und zu schlagen, ist bei mir der Faden gerissen und ich bin mit Ursel geflohen.«

»Wohin, um Gotteswillen? Warum bist du nicht zu mir gekommen?«

»Weil Paul dort natürlich als Erstes nachgeforscht hat. Nein, ich brauche ein paar Tage Abstand. Ich will auch nicht mit dieser« – ihre Hand fährt leicht ins Gesicht – „mit dieser Zeichnung gesehen werden. Ich bin zur Zeit mit Ursel in einem Frauenhaus.«

»Wo? Meine Tochter, mein Enkelkind bei Ausgeflippten, Asozialen und Huren? Hast du noch alle Tassen im Schrank?«

»Mutter, jetzt mal halblang. Ich glaube, du verwechselst die Begriffe. Ein Frauenhaus ist kein Freudenhaus, sondern eine Zuflucht für mißhandelte Frauen. Und das bin ich ja schließlich, da kannst du nicht drum herum reden. Außerdem kenne ich die Sozialpädagogin und habe ihr Ursel anvertraut, damit das Kind seine bösen Erfahrungen aufarbeiten kann.«

Wir sind langsam weitergegangen. Eine Bank kommt ins Blickfeld, letzte Hilfe für meine zitternden Beine. Ich lasse mich auf die harten Holzlatten fallen, vergrabe mein Gesicht in den Händen und schluchze die Anspannung der letzten Tage ins Taschentuch. Der Tränenstrom bringt Erleichterung, aber das Geröll, das er an seinen Ufern zurückläßt, ist scharfkantig und verletzend. Jeder Stein eine Anklage. Ich schleudere und klage, bis meine Tochter mir den Mund zuhält.

»Du hast kein Recht, meinen Mann zu schmähen. Er ist schuldig, aber auch ich habe versagt. Wir hätten viel früher miteinander reden sollen. Nur unsere Sprachlosigkeit und das Unter-den-Tisch-Kehren von Problemen hat zu der Eskalation geführt. Paul und ich, wir brauchen Zeit und Ruhe, um uns auszusprechen und die Zukunft zu planen. Ich möchte ihn dazu bringen, eine stationäre Therapie zu machen, damit er seine Alkoholprobleme in den Griff kriegt. Ich möchte ihn begleiten. Deshalb bitte ich dich, Ursel für einige Zeit zu betreuen. Kannst du das mit deiner Lehrtätigkeit vereinbaren?«

Ich verändere meinen Vorlesungsturnus zum Blockunterricht und erwerbe fünf Wochen unterrichtsfreie Zeit. Ich verlange einen Einblick in die Tätigkeit des Frauenhauses und bekomme ihn und dazu noch ein schlechtes Gewissen. Denn das Haus ohne offizielle Adresse ist ein Heilszeichen bei unheilvollen, von Männergewalt geprägten Beziehungen. Es ist bis auf die letzte Matratze belegt. Im Kinderspielzimmer tuten, kichern, toben, hüpfen mehr als ein Dutzend Kinder.

»Ursel!«

»Omama!« Ein bunt geblümtes Bündel Kind springt auf mich zu, reißt mich fast um, zerrt an meinem Rock. Ich nehme mein Enkelchen auf den Arm, streichele das kleine Köpfchen, versuche einen forschenden Blick in die Kinderaugen und atme auf. Da lacht mir pure Lebenslust entgegen, keine Spur von Angst oder seelischer Verletzung.

»Omama, das ist Fritz, mein neuer Freund. Und das ist Tante Pro ... Pro ... sie heißt fast wie du.«

»Mein Name ist Profa«, lächelt mir die junge Frau entgegen. „Ich bin Erzieherin und habe mich um Ursel gekümmert.«

Während Ursel ihrem fünfjährigen Freund Fritz Wunderdinge vom Eier färben mit Krawatten erzählt und daß ich die zugehörige Omama bin, berichtet mir Marga Profa von ihren Bemühungen, zusammen mit Ursel die für ein kleines Kind unerklärlichen Eindrücke aufzuarbeiten und ihr die Achtung vor dem Vater wiederzugeben. »Es wäre gut, wenn Sie in den nächsten Wochen zusammen mit ihrer Enkelin öfters zu uns kämen und wir gemeinsam die Kinderseele wieder ins Gleichgewicht bringen würden«, schlug sie vor.

Das ist der Beginn meiner ehrenamtlichen Tätigkeit im Frauenhaus. In den Wochen, als Birgit und Paul »in Urlaub« sind und frohe Fortschrittsberichte senden, ist Ursel der Anlass. Obwohl der Osterhase längst Ferien macht, spiele ich Mümmelmannersatz und färbe in der Puppenküche Eier. Zusammen mit den Kindern im Frauenhaus bauen wir eine große Höhle und spielen Räuber. Kasperle macht mit Tri-tra-trulala Front gegen Gewalt. Dann zieht Ursels Freund Fritz mit seiner Mami in eine eigene Wohnung und der Reiz des Neuen verblaßt für Ursel. Sie geht wieder in den Kindergarten, fragt nach ihren Eltern und drängelt, wieder in ihrem eigenen Bettchen schlafen zu dürfen.

»Lieber Gott, sage Papa und Mama, daß sie zurückkommen sollen. Meine Puppen sind allein zu Hause und weinen und ich bin ganz traurig.«

»Und ich bin sehr froh, lieber Gott«, setzte ich in Gedanken hinzu. Denn die schwere Krise scheint überwunden. Pauls Firma hat sich bereit erklärt, die Länge der Auslandseinsätze zu reduzieren. Das bringt zwar finanzielle Einbußen mit sich, aber Paul und Birgit sind sich einig, daß ihnen ein spannungsfreies Familienleben wichtiger ist. Ursel spürte mit ihrem feinen Empfinden die erstarkte Beziehung ihrer Eltern und meint:

»Papa und Mama haben sich viel lieberer als früher.«

Auch ich habe nachgedacht. Über mich und meine Arbeit. Die Frau Professor in mir hat beschlossen, ihre Lehrtätigkeit Jüngeren zu überlassen. Die Omama hat überlegt, daß sie im Frauenhaus eine neue ehrenamtliche Aufgabe finden könnte.

THEA: DIE STIEFOMA

Ich bin keine richtige Großmutter mit richtiger Verwandtschaft. Das Schicksal war dagegen. Trotzdem hat es mir den Namen Großmutter verliehen, und dafür bin ich ihm sehr dankbar. Wie es dazu gekommen ist? Ich will es aufschreiben, obwohl es nicht zu meinen Talenten gehört, Gedanken druckreif zu formulieren und lesbar zu machen. Papier war bisher ein Material, das ich nur zum Malen oder Basteln benutze. Ich bin eine Frau von Pinsel und Palette, nicht von Schreibmaschine oder Feder.

Ich liebe Kinder. Mit zwanzig Jahren wurde ich ungewollt schwanger. Damit war mein Freund nicht einverstanden, obwohl er an dem Zustand nicht unschuldig war. Er türmte. Ich litt. Das werdende Leben in mir litt mit. Es war noch nicht stabil genug und verließ mich. Man nennt es Fehlgeburt. Danach litt ich noch viel mehr, denn der Arzt sagte mir, daß es aus sei mit dem Kinderkriegen. Aber ich wollte Kinder. Wenn schon nicht eigene, dann wenigstens welche, die mir anvertraut wurden. Nach zwei Semestern Chemiestudium machte ich still und heimlich die Fliege. Ich verließ ohne Angaben von Gründen Schule und Freundeskreis, wechselte Studienort und Studieninhalt und wurde Kindergärtnerin. Dabei blieb es. Manche Bekannte schoben mich in die Schublade alternde Jungfer und es stimmte: Männer kamen in meinem Leben nur noch als Väter von Kindergartenkindern vor. Bis ich Franz traf. Er war Witwer. Er lebte allein im Gegensatz zu seinen drei Söhnen, die in festen Händen waren. Jürgens feste Hand hieß Tine, und kurz nachdem ich seinen Vater Franz kennengelernt hatte, wurde sie offiziell dessen Schwiegertochter. Die Hochzeit war der erste Schnuppertreff zwischen dem Familienclan und »Vaters Neuer.« Ich muß wohl einen passablen Eindruck hinterlassen haben, denn Franz zog sich nicht von mir zurück, sondern umwarb mich mit der tolpatschigen Grandezza eines konservativen 55-Jährigen, der was fürs Herz, fürs Haus und auch mal was fürs Bett haben wollte. Ich überlegte mir, daß die Reihenfolge wohl zu variieren sei und sagte Ja. Ich war 50 und sehnte mich nach einem Menschen, der den Rest meines Lebens mit mir teilen wollte. Franz sehnte sich ähnlich. Wir heirateten. Ich gab meine Wohnung und meinen Beruf auf und zog zu Franz in ein Einfamilienhaus, das für zwei Leute wie wir eigentlich viel zu groß war. So ging das zwei Jahre. Bis sich Jürgen und Tine zu Besuch ansagten. So offiziell taten sie das normalerweise nicht; denn sie lebten gleich nebenan in einer Dreizimmer-Parterrewohnung und es gab ein ungezwungenes Hinüber und Herüber. Nachdem ich die passende Vase für den Blumenstrauß gefunden und Franz die Getränke aus dem Kühlschrank geholt hatte, wurde Jürgen feierlich.

»Lieber Vater, liebe Thea, wir sind aus einem besonderen Grund zu euch gekommen. Tine ...«

»... kriegt ein Kind«, fuhr ich ihm ins Wort.

Tine lachte los. »Habe ich dir nicht gesagt, Thea hat es längst erraten. Wenn es um Kinder geht, kann man ihr nichts vormachen. Ja, wir werden Eltern. Freut ihr euch?«

Ja, wir freuten uns. Franz holte Sekt aus dem Keller und ich meine Erinnerungen an den größten Schmerz meines Lebens ... nein, das war kein Thema für eine werdende Mutter. Der Sekt verdrängte auch schnell meine Gedanken an das verlorene Baby. Hier war frohe Gegenwart, die Jürgen mit einer Bitte anreicherte:

»Es könnte sein, daß unsere Wohnung zu klein wird und wir uns nach einer größeren umsehen müssen. Dabei dachten wir ...«

Ich ahnte, was die beiden dachten. Aber diesmal war es Sache von Franz, das verlegene Stottern zu verstehen. Und er verstand.

»Ihr meint, eure Wohnung ist für drei zu klein und unser Haus für zwei zu groß. Wir sollen also tauschen? Das will gründlich überlegt sein.«

Das Ende der Überlegung endete in einem Umzug. Aber wir hatten nicht geahnt, was wir uns mit dem gleichzeitigen Hin und Her von Möbeln, Betten, Porzellan, Phonogeräten, aufbewahrtem Nie-Gebrauchten – Hilf Himmel, dieser Keller! – und hin- und her stolpernden Lastenträgern angetan hatten. Das Labyrinth schien unentwirrbar. Ariadne, wo ist dein Faden? Ich fand ihn, wenigstens ansatzweise, denn immerhin war ich geübt im Umziehen, das ich dreimal überstanden hatte. Wie heißt es so tröstlich: Es geht alles vorüber, es geht alles vorbei. Was blieb war ein Team, das durch dick und dünn gegangen und in gemeinsamer Arbeit in Freundschaft zusammengewachsen war.

Ich gehörte endgültig dazu. Ich war nicht mehr »Vaters Neue.« Durch meine tatkräftige Mithilfe, durch meine erfolgreichen Versuche, Ariadne zu spielen und das Umzugslabyrinth zu entwirren, war besonders zu Jürgen eine vorher nicht dagewesene Nähe entstanden. Das Ende der drehreifen Tragikomödie mit dem Titel »Einmal im Leben« beschlossen wir mit einem Grillfest. Es war kurz vor Tines Niederkunft. Namensvorschläge machten die Runde.

»Wenn es ein Mädchen wird, soll es Thea heißen«, lächelte Jürgen und prostete mir zu. »Und wenn es getauft wird, sollst du die Patin sein«, ergänzte Tine. Ich konnte nicht dagegen an. Ich kriegte das große Heulen. Nachdem mir alle durch Rückenklopfen, Küßchen und Taschentücher geholfen hatten, die Überschwemmung einzudämmen, konnte ich mich nur noch freuen. Freuen, dass es ein Kind geben sollte, zu dem ich mich auf besondere Art zugehörig fühlen durfte. Und dass es ein Elternpaar gab, das mit seinem Angebot sagte: Wir haben dich akzeptiert, wir mögen dich, wir haben Vertrauen zu dir.«

Thea wurde ein Junge und bekam den Namen Theo. Seine Taufe war für mich die Hölle, in die mich eine Hexe geschossen hatte. Sie hielt mich so fest im Griff, daß eine Teilnahme an der Zeremonie unmöglich schien.

»Wir können den Termin nicht verschieben«, bedauerte Jürgen. »Aber als Patin mußt du unbedingt dabei sein. Tine meint, ob wir nicht ihre Tante ...«

Ich jammerte mein Entsetzen in den Bettzipfel und verwandelte mein „Nein“ in die dringenden Bitte nach Arzt und Spritze. Dank dieser Hilfe schaffte ich eine Teilnahme – aber viel mehr auch nicht. Ich war aufgeregt wie eine Achtzehnjährige vor der Führerscheinprüfung. Jürgen hielt die Taufkerze, Tine den schlafenden Theo und ich einen Zipfel des Taufkleides. Die Worte des Pfarrers glitten an mir vorbei, aber ich bin überzeugt, daß der liebe Gott mein stummes Versprechen hörte und mir direkt ins Herz pochende Herz sah. Erst als ich direkt angesprochen und gefragt wurde, ob ich mir der Verantwortung für dieses kleine Menschenkind bewußt sei, schreckte ich auf und antwortete mit einem klaren „Ja“. Wie bei einer Trauung, dachte ich. Theo war erstaunlich brav und kommentierte seine Aufnahme in die Christengemeinde in seiner eigenen Sprache mit a-ii-hi-ha. Als der Priester das Taufwasser über das kleine Köpfchen goss, antwortete Theo unter dem Schmunzeln der Taufgäste mit einem erstaunten »o-o-o-o-o«. Und dann durfte ich die Taufkerze in die Hand nehmen und ein Segensgebet sprechen: »Segne dieses Kind mit Namen Theo und hilf uns, ihm zu helfen, daß es greifen lernt mit seinen eigenen Händen und der Hand seiner Patin, nach Maschinen und Plänen, nach dem Brot und den Trauben und dem Land der Verheißung.«

Jetzt war ich also Stiefoma und mit einer Verantwortung beladene Patin. Aber vor allen Dingen war ich unvernünftig. Nachdem Tine nach zwei Monaten das Stillen leid war und auf Fläschchen umstieg, wollte ich Theo füttern – am liebsten morgens, mittags und abends. Ich saß im Garten neben seiner Wiege und bewachte seinen Schlaf. Ich tat alles das, was unvernünftige Omas tun und pädagogisch geschulte Kindergärtnerinnen ihnen ausreden wollen. Ich gab meinem Verstand Urlaub und übertrieb meine Liebe, die so lange auf ein »eigenes Kind« hatte warten müssen und deshalb reiner Egoismus war. Ich überhörte Tines leise Andeutungen und meines Mannes direkte Warnungen. Bis Jürgen eines abends herüberkam und energisch wurde:

»Wir sind die Eltern. Akzeptiere das, sonst ist die Tür zu.«

Danach war die Tür wirklich zu. Nämlich meine Herzenstür. Ich hatte es doch gut gemeint. Zu gut, wie mir nach und nach dämmerte. Das junge Paar mußte doch zuerst einmal allein sein Glück genießen und in seine neue Aufgabe hineinwachsen. Daß sich eine übereifrige Stiefoma und Patentante, selbstverliebt in ihre neue Rolle, eine Zurechtweisung einhandelte, war meine eigene Schuld. Aber mir ging Gefühl vor Verstand. Jetzt mußte ich Zurückhaltung lernen, und das tat weh.

Ich respektierte die Tür, die bildlich und tatsächlich für mich zugeschlagen war. Manchmal stand ich am Gartenzaun und sah sehnsüchtig in den Nachbargarten. Wo blieb der Kinderwagen? War Theo krank? Mein Mann zog mich ins Haus.

»Es ist alles in Ordnung. Bis auf dein Gefühlsleben. Vielleicht hättest du deinen Beruf doch nicht aufgeben sollen. Es gibt auch noch andere Kinder, die dich brauchen könnten.«

»Wieso andere? Mein Enkelchen braucht mich und meine freie Zeit.«

»Und wo bleibe ich?« mahnte Franz. »Lasse die jungen Eltern in Ruhe. Sie werden schon bald kommen und um Hilfe bitten. Inzwischen wüßte ich eine andere Aufgabe für dich. In unserer Gemeinde soll eine Krabbelgruppe aufgebaut werden. Aber es fehlt eine ehrenamtlich tätige Kindergärtnerin.

Der Vorschlag saß. Die Idee zündete. Sie kriegte Beine, die mich eine Woche später bis ins Pfarrbüro trugen. Auf die drei bekannten »w-w-w«, – nein, nicht *world wide web*, sondern wo, wann, warum bekam ich zu hören: im Pfarrheim, zweimal wöchentlich zwischen neun und elf Uhr, weil Kleinkinder Kontakt zu anderen Kindern und Mütter auch mal Zeit für sich selbst brauchen. Wer soll helfen?

»Sie«, sagte die Leiterin des örtlichen Kindergartens, die sich für die Idee einer Krabbelgruppe stark machte.

Es gab noch andere Kinder, die mich brauchten? Sollte ich nach mehr als dreijähriger Abstinenz wieder eine Aufgabe außerhalb des Hauses übernehmen? Ich sagte vielleicht, dann ja und bereute es nicht. Denn ich lernte, junge Mütter so zu nehmen wie sie sind. Ich lernte, meinen pädagogischen Zeigefinger zu zügeln. Der Umgang mit den fremden Kleinkindern tat mir gut. Er brachte mein gestörtes Innenleben wieder ins Gleichgewicht. Ich erkannte, daß ich unbedacht natürlich gesetzte Grenzen überschritten hatte. Jürgens Zurückweisung war nicht Lieblosigkeit, sondern Selbstschutz. Es tat weh, das eigene Fehlverhalten einzugestehen. Zuerst vor mir selbst, dann vor meinem Mann. Der schwerste Weg war der ins Nachbarhaus zu Tine und Jürgen. Mein Herz klopfte bis zum Hals und ich hatte feuchte Hände, als ich nebenan klingelte. Der Empfang war förmlich, so kühl wie der angebotene Orangensaft. Ich stürzte mich kopfüber in meine Selbstanklage:

»Ich war aufdringlich. Ich habe eure Zuneigung ausgenutzt. Ich habe mir Rechte anmaßen wollen, die mir nicht zustehen. Ich bin in meiner Sehnsucht nach einem Kind über das Ziel hinausgeschossen. Eigentlich habe ich ja gar keine verwandtschaftlichen Beziehungen zu Theo. Nur eure Liebe hat mir den Status einer Stiefoma und Patentante eingeräumt. Ich habe euer Entgegenkommen schlecht genutzt. Ich möchte mich entschuldigen.«

Die Sätze, die ich jetzt so flüssig aneinanderreihe, kamen damals nur stotternd über meine Lippen. Es war schwer, diesen beiden fast feindlich blickenden Augenpaaren gegenüber die richtigen Worte zu finden. Meine zaghaft über den Tisch gestreckte Hand fand kein Gegenüber. Unsicher erhob ich mich.

»Das war es dann. Ich möchte nicht weiter stören. Ihr sollt nur wissen, daß es Grenzen gibt und daß ihr recht getan habt, sie mir aufzuzeigen.«

»Bitte, setzte dich wieder.« Jürgen drückte mich sanft in den Sessel zurück. Seine abweisende Miene lockerte sich.

»Vielleicht haben auch wir überzogen reagiert. Dir zu schroff unsere Meinung gesagt. Wir haben verboten, statt zu erklären, nicht wahr, Tine?«

Ihre Reserve war nicht so schnell zu durchbrechen. »Eigentlich ist Thea eine ganz fremde Frau für mich.«

Ich zuckte zusammen. Wieder stand ich auf, diesmal abrupt.

»Dann akzeptiere, daß diese fremde und wesentlich ältere Frau sich überwunden und um Verzeihung gebeten hat. Es ist mir nicht leicht gefallen.« In der Erregung hatte ich lauter gesprochen als gewollt. Aus dem Kinderzimmer tönte leises Weinen. Ich hatte Theo aufgeweckt. Mit Tränen in den Augen stürzte ich zur Haustür. Jürgen holte mich ein und zwang mich zum zweiten Mal in den Sessel zurück. Tine war im Kinderzimmer verschwunden.

Funkstille.

Dann war es Jürgen, der langsam seine Hand über den Tisch schob. Ich zögerte. Sollte ich nicht schnellstens diese Begegnung beenden, bevor ich auch noch Unfrieden in die junge Ehe brachte?

»Bitte«, bat Jürgen und berührte leicht meine Fingerspitzen. »Bitte trage es Tine nicht nach. Sie fühlte sich in ihrer jungen Mutterwürde bevormundet. Schließlich ist Theo unser erstes Kind. Lege ihren unbedacht ausgesprochenen Satz nicht auf die Goldwaage. Sie ...«

Im Türrahmen stand Tine, das Kind auf dem Arm. Zögernd, überlegend kam sie auf mich zu. Um ihren Mund huschte ein ganz leises Lächeln. Dann hielt sie mir Theo entgegen, der mich verschlafen und verweint anblinzelte.

Zum dritten Mal erhob ich mich aus dem Sessel. Meine fragenden Augen begegneten ihren bittenden. Da umschlang ich schluchzend und erleichtert Mutter und Sohn.

In den nächsten Wochen gingen Tine und ich behutsam miteinander um. Die »fremde Frau« war verziehen, aber nicht vergessen. Die neue Beziehung mußte langsam wachsen. Die Zurückhaltung, die ich unter Schmerzen gelernt hatte, wollte in der Praxis eingeübt werden. Ich drang nicht mehr ungefragt ins Nachbarhaus ein. Ich wartete, bis ich gerufen wurde. Und der Ruf kam, als die Elternschaft zum Alltag wurde und das Paar sich darauf besann, daß auch außerhalb der Wohnung noch Leben stattfand. Eltern sind auch Mann und Frau, ihre Ehe ein Haus, an dem ständig gebaut werden muß. Auch Freundschaften wollen gepflegt und nicht vernachlässigt werden.

»Wir möchten einen Abend für uns allein haben. Ins Kino und lecker essen gehen. Würdest du bitte ...«

»Wir möchten wieder im Gospelchor mitsingen. Würdest du bitte ...«

»Der Kleine müßte an die Luft, aber ich habe im Haus so viel zu tun. Könntest du nicht ...«

Ich wollte und konnte nur allzu gern. Aber ich beschied mich, gab auch hin und wieder eine Absage. Insgeheim führte ich Buch über meinen »Omadienst«. Die Bilanz nach einem Jahr: 60 abendliche Hütestunden, sieben Übernachtungen im Nebenhaus, nicht gezählt die kleinen Hilfsdienste wie bügeln, stricken, flicken.

Als wir Theos Geburtstag feierten, nahm Tine mich in den Arm. »Thea, bitte vergiß, daß ich dich einmal eine ›fremde Frau‹ genannt habe. Du bist mir nicht Mutter, aber Freundin geworden. Und für Theo haben wir die richtige Patin ausgesucht, auch wenn ich kurze Zeit einmal daran gezweifelt habe.«

Einige Zeit nach diesem Gespräch kündigte sich für Theo ein Geschwisterchen an. Ich tat nach wie vor zweimal wöchentlich Dienst in der Krabbelgruppe und ermunterte Tine, mich mit Theo einmal zu besuchen. Immerhin sei es gut, so meinte ich vorsichtig, den Kleinen mit anderen Kindern in Kontakt zu bringen.

»Versuchen wir es mal«, meinte Tine und erkannte bald selbst, was ich schon länger geahnt hatte: Theo war zu Hause »persona grata«, ein Einzelkind, das dauernd im Mittelpunkt stand. In der Krabbelgruppe war er eines von acht Kindern. Das mußte er lernen, und nicht nur er. Auch ich mußte meinen Gefühlen Zügel anlegen. Wieder eine neue Erfahrung in meiner Rolle als Oma. Ich mußte lernen, mein Goldkind mit anderen zu teilen. Seine Aufmerksamkeit wandte sich Neuem zu. Es gab noch mehr Frauen, die gut malen und basteln konnten. Das war aufregend neu. Es gab Kinder, die ihn wegschubsten, wenn er ihre Spielsachen als »mir zu« deklarierte. Das war ärgerlich neu. Es gab Mütter, die ihn zurechtwiesen, wenn er brüllend die Aufmerksamkeit forderte, die er als Einzelkind gewohnt war. Das trieb ihn in meine Arme. Die Oma in mir wollte ihn trösten. Die Kindergärtnerin in mir mußte ihn zu sozialem Verhalten erziehen. Das Letztere hatte ich gelernt, das erstere mußte ich vorsichtig abwehren.

Als Theos Schwesterchen Katrin geboren wurde, war Theo ein aufgeklärter Dreijähriger, der dem neuen Familienmitglied gekonnt erklärte, daß er der große Bruder sei und es sich voll auf ihn verlassen könne. Ganz selbstverständlich übernahm das ehemals so ichbezogene Einzelkind die Beschützerrolle. Und die ehemals so übereifrige Oma hatte Zurückhaltung gelernt. Allerdings war die diesmal gar nicht gefragt. Im Gegenteil. Immer öfter stand Tine mit bittenden Augen in der Tür. Manchmal lächelten wir uns verständnisinnig an und einmal sagte sie zu mir:

»Ich begreife nicht, wie ich dich damals so brüskieren konnte. Was wäre ich jetzt ohne deine Hilfe, und was wäre Theo ohne seine Oma?«

»Was wäre ich ohne euch? Es ist schön, daß wir einander brauchen« – einen Moment zögerte ich – »sind wir nicht wirklich zusammengewachsen wie eine richtige Familie? Ich habe fast vergessen, daß ich nur die Stiefoma bin.«

Stiefoma? Das Wort war neu für Theos Luchsohren.

»Was ist eine Stiefoma«, wollte er wissen.

Tine sah mich verlegen an.

»Darf ich das erklären? Sieh mal, Theo, normalerweise hat jedes Kind zwei Omas. Deine beiden richtigen Omas sind schon vor vielen Jahren gestorben. Du hast sie gar nicht gekannt. Es ist traurig, wenn Kinder keine Oma haben. Du darfst dich freuen, daß du trotzdem eine bekommen hast. Dein Opa hat wieder geheiratet. Mich. Dadurch hat er wieder eine Frau und du eine Oma bekommen.«

»Alles klar«, meinte Theo. Aber warum ›stief‹?« Hat das was mit der Stiefmutter von Schneewittchen zu tun?«

Mein Blick huschte zu Tine, meine Gedanken zu dem mit Egoismus vergifteten Apfel von einst. Tine schüttelte unmerklich den Kopf.

»Schneewittchen ist nur ein Märchen«, sagte ich. Außerdem bin ich keine Stiefmutter, sondern eine Stiefoma. Bin ich eine böse Stiefoma?«

»Nein, du bist die beste Oma der Welt. Und am besten bist du, wenn du mit mir malen tust.«

Ich bin keine Frau von Schreibmaschine und Computer, sondern von Pinsel und Palette. Ich durfte nicht Mutter werden, aber die Liebe hat mich zur Stief-Großmutter gemacht. Liebe muß einhergehen mit Verständnis und Selbstdisziplin. Das habe ich versucht, aufzuschreiben. Und jetzt mach ich einen dicken

PUNKT.

BABETTE: SAFFO

Warum nennt ein 20jähriges Mädchen seinen Kanarienvogel »Saffo« und nicht gut bürgerlich Hansi? Vor fünf Jahren, als ich den Namen zum ersten Mal von meiner Tochter hörte, dachte ich nicht bis Griechenland, geschweige denn weiter. Meine Welt beschränkte sich auf meinen Heimatort nahe der holländischen Grenze und war so in Ordnung, wie sich das für eine angesehene 52-Jährige in einem kleinen Dorf gehört. Hierzulande sagt man für eine 3000-Seelen-Gemeinde Kaff und meint damit: Jeder kennt jeden, jeder hilft jedem, jeder klatscht über jeden und meint es doch gut mit jedem. Mein Vater, Bauer mit Sitz und Stimme in der Gemeindevertretung, hielt auf Reputation. Meine streng katholische Mutter erzog mich unter der Maxime Nur-nicht-aus-der-Reihe-Tanzen. Ihre Dauerpredigten über Zurückhaltung, Bescheidenheit, Selbstbeherrschung und Anpassung machten aus mir genau das: Ein angepaßtes Mädchen. Später wurde ich eine angepaßte Frau. Dazwischen lag der kurze Versuch, eine eigene Persönlichkeit zu entwickeln. Das war während meines Studiums in Krefeld. Der »Chemiesettenkreis« der späten 68-er unter der Leitung von Charlotte zog mich an und stieß mich gleichzeitig ab. Ich wollte mich häuten. Wollte der geistigen Enge von Elternhaus und Dorf entfliehen. Wollte die strenge religiöse Erziehung lockern. Wollte mir die liberalen Ansichten der Kommilitoninnen zu eigen machen. Aber dazu hätte ich wirklich aus der Reihe tanzen müssen. Das konnte ich nicht, weil meine Füße zu sehr im schweren Ackerboden meiner Heimat wurzelten. Später bestätigte ich diese Bodenständigkeit durch Heirat mit einem einheimischen Bäckermeister. Wir bekamen zwei Kinder. Wilhelm führt die Bäckerei jetzt in eigener Regie. Er ist verheiratet, aber kinderlos und es sieht nicht so aus, als wollte seine Frau den Zustand ändern. Sie ist im Laden tätig. Angepaßt an die Meinung ihrer Kundschaft und bedacht auf den guten Ruf des Geschäftes. Deshalb passe ich nicht mehr zu ihr und ihrem Mann, der nicht weiß, ob er noch mein

Sohn sein will. Meine Tochter Elisabeth möchte gern meine Tochter sein, aber ich habe die Verbindung damals abgebrochen. Jetzt möchte ich sie wieder herstellen, aber meine Umgebung blockt ab. Mein Mann ist getürmt. Das Einzige, was mir geblieben ist, ist Saffo, den ich Hansi nenne.

Hansi lebt wie ich: abgeschirmt in einem Käfig. Mein Käfig heißt Depression. Ich habe es aufgegeben, ihr zu entfliehen. Aber ich habe gelernt, besser mit ihr umzugehen, seit Charlotte, die sich heute Carlotta nennt, mich besuchte. Sie half mir, meine Erlebnisse der letzten Jahre zu formulieren und niederzuschreiben. Sie stellte die Verbindung zu meiner Tochter wieder her und gab mir dadurch einen Zipfel Familie zurück. Charlotte hörte beim Ehemaligentreffen in Berlin von meiner Misere und ich danke ihr aus vollem Herzen, daß sie mich aufsuchte. Sie steht mitten im Leben.

Ich bin mit meinen 57 Jahren eine alte Frau. Meine Wohnung verlasse ich kaum, höchstens abends, wenn keiner auf der Straße ist und ich in die Dunkelheit des kleinen Wäldchen jenseits der Felder flüchten kann. Um meinen Einpersonenhaushalt kümmert sich eine Nachbarin, deren Hilfe von meiner Schwiegertochter honoriert wird. Es bleibt mir nicht viel zu tun. Nur die Sorge für Hansi lasse ich mir nicht abnehmen. Er lahmt auf einem Beinchen und manchmal fällt er von seinem Stängchen. Seine Lebenstage sind gezählt, genau so wie die meinen.

Was soll ich noch auf dieser Welt, die ich nicht verstehe? Was soll ich unter Menschen, die alle Werte, die mir einmal heilig waren, in den Dreck gezogen haben? Was soll ich noch in einem Dorf, dessen Bewohner sich von mir distanzieren, weil meine Tochter ihren Kanarienvogel Saffo nennt und lesbisch ist?

Saffo, nein, Hansi, ist mein Enkel. Ich füttere ihn, mache ihn sauber, spiele mit ihm, erzähle ihm aus meiner Vergangenheit. Hansi ist brav. Er hört gern zu. Manchmal pickt er mich zart in den Finger. Das ist eine Liebkosung, wie sie mir als Großmutter zusteht. Großmutter zu sein ist schön. Wenn ich aus dem Fenster meines Wohnzimmers schaue, sehe ich in den Nachbarhof. Dort steht seit ein paar Wochen ein Kinderwagen. Er gehört Karin, einer Klassenkameradin meiner Tochter Elisabeth. Im Kinderwagen piept es. Nein, es weint ab und zu. Wenn ich das Fenster öffne, höre ich es ganz deutlich. Das ist mein Enkel. Denn Karins Mann war vor Jahren mit meiner Tochter liiert. »Das stimmt nicht, er war nur mein Freund«, korrigierte mich Elisabeth seinerzeit. Das glaube ich nicht. Sie haben doch miteinander geschmust. Oder verwechsele ich Elisabeth mit Karin?

Manchmal ist mir ganz wirr im Kopf, so daß ich mein und dein nicht mehr unterscheiden kann.

Hansi sagt Piep. Das sagt er immer, wenn ich mit ihm rede. Früher hat er gesungen. Damals, vor fünf Jahren, als Elisabeth ihn mit nach Hause brachte und mir erzählte, daß er ein Geschenk ihrer Freundin sei. Ich kannte diese Freundin nicht. Elisabeth hat sie mir nie vorgestellt. Sie soll jenseits der Grenze wohnen, in Holland, wo alles anders und freier ist als hier.

»Ach, sie ist Niederländerin. Darum hat der Kanarienvogel wohl einen so seltsamen Namen«, meinte ich damals. Meine Weltfremdheit war ein Zaun, den zu durchbrechen meine Tochter einen Schneidbrenner benötigt hätte. Auch die Andeutungen der Nachbarn scheiterten an meiner Harmlosigkeit. Elisabeth umgab sich nur mit Mädchen, später mit jungen Frauen.

»Na und? Sie ist jungen Männern gegenüber sehr zurückhaltend«, sagte ich. »Das ist doch kein Fehler. Sie bewahrt ihre Jungfrauenschaft und wartet auf den richtigen Mann, der sie zum Altar führt. Ja, das gibt es auch heutzutage noch. Es kommt eben auf die Erziehung an.«

Mein Mann stimmte mir zu. »Hauptsache, sie kommt nicht mit einem unehelichen Kind nach Hause. Die Schande wird sie uns nicht antun. Die könnte ich nicht überleben.«

Mein Mann überlebte viel Schlimmeres. Als er erfuhr, daß sein liebes, unerfahrenes Schätzchen eine Lesbe ist, zertrümmerte er unser gutes Kaffeeservice, bewarf mich mit aller Schuld, die er selbst fühlen mochte, packte eine Reisetasche und verschwand. Seit fünf Jahren habe ich ihn nicht mehr gesehen. Er fühle sich ausgegrenzt, so schrieb er mir seinerzeit, nicht mehr zugehörig zur Dorfgemeinschaft. Es sei ihm nicht möglich, Brot für diejenigen zu backen, die mit Fingern auf ihn zeigen würden. Aus der Ferne – welcher? Ich weiß es nicht! – schrieb er an unseren Sohn. Sie trafen sich und regelten die Geschäftsübergabe. Seitdem habe ich nur noch per Trauschein einen Mann. Er ließ mich allein, als ich ihn am nötigsten gebraucht hätte. Oder ist er doch noch da, schläft neben mir wie seit zweiunddreißig Jahren und hört mir zu? Manchmal sehe ich seinen Schatten neben mir. Dann tastet sich meine Hand hinüber und ich erzähle ihm von jenem Moment, als nicht unser Geschirr, sondern die Welt für mich in Scherben ging.

Elisabeth hatte ihr Biologiestudium abgebrochen. »Das hat nichts mit Ökologie zu tun, sondern nur mit Gentechnik, und die mag ich nicht«, sagte sie damals, als sie das Handtuch schmiß. Sie machte ein Praktikum in einem holländischen Altenheim. Dort muß sie Antje kennengelernt haben. Eines Tages brachte sie mir Saffo.

»Antje, eine Kollegin, hat ihn mir geschenkt. Darf ich ihn hier lassen? Du magst doch Kanarienvögel, und Saffo braucht Nähe und Ansprache.«

»Hansi, stimmt das? Du hast dich schlecht an den neuen Namen gewöhnt. Wenn ich ab und zu Saffo zu dir sage, fängst du an zu trillern wie in deinen Jugendtagen. Du hast früher viel gesungen und warst sehr zärtlich, wenn ich dich kraulte. Ja, du bist mein Enkelchen, und eines Tages wirst du Oma zu mir sagen. Du mußt es lernen, bitte Hansi. Ich mag nicht warten, bis der Piepmatz, nein, das Baby in seinem Kinderwagen nebenan im Hof sprechen und mich so anreden kann. Die Zeit rennt mir davon, Hansi. Bald bin ich zu alt, um ein Enkelkind zu erziehen. Ich muß mich beeilen, denn Elisabeth, seine Mutter, lebt in Holland.«

Ach so, ich wollte ja von Elisabeth erzählen. Sie kam nur noch unregelmäßig nach Hause. »Ich habe im Altenheim ein Zimmer«, sagte sie. Seit sie alten Menschen den Katheterbeutel leerte, sie wusch und fütterte, war sie viel fröhlicher geworden. Ich wunderte mich. Wie paßte ihre Fröhlichkeit zu den Altersbeschwerden ihrer Pflegebefohlenen?

»Um das zu verstehen, mußt du mich einmal besuchen, Mutter«, sagte sie mir. »Dort, wo ich jetzt lebe, habe ich Menschen getroffen, die mich brauchen, denen ich helfen kann und die mich mögen. Besonders Antje. Sie ist vier Jahre älter als ich und ausgebildete Altenpflegerin. Ich mag sie sehr. Viel lieber als jeden Mann.«

Noch immer blieb ich ahnungslos.

»Mutter, du machst es mir sehr schwer, dir etwas anzuvertrauen. Aber einmal muß es sein.«

»Hast du einen Freund? Wirst du heiraten? Werde ich Oma?«

Auf meine drei grob geschnitzten Fragen setzte sie einen groben Klotz.

»Ich habe keinen Freund, sondern eine Freundin. Die werde ich heiraten. Enkelkinder sind in einer Homo-Ehe nicht opportun.«

Schweigen.

Stille.

Stille, die immer belastender wurde.

Sie senkte sich als Druck auf meinen Kopf, lähmte einen Teil meines Denkens, zerbrach etwas in mir.

»Hansi, du kennst mich. Du hast keine Angst vor mir wie die Dorfkinder, die mir nachschreien ›Bei der piept es‹ und vor mir weglaufen. Du piepst, wenn ich dir Futter gebe. Manchmal bist du krank und nimmst es nicht an. Ob ich ein Fläschchen besorgen soll? Aber du bist doch kein Baby mehr. Du bist doch ein lieber Piepmatz, ein Geschenk von Elisabeth, das ich gut behüten muß wie ein Baby.«

»Nein, kein Enkelkind«, sagte Elisabeth. »Auch kein Schwiegersohn. Du bekommst eine Schwiegertochter.«

»Schwiegertochter? Das kann nicht sein. Du meinst Schwiegersohn. Ganz bestimmt. Sage, daß es so ist und nicht anders!«

»Es ist anders, Mutter. Ich liebe Antje, eine Frau. Sie ist für mich die Ergänzung meines Lebens. Mit ihr möchte ich immer zusammen sein.«

»Sie ist also deine Freundin.«

»Nein, meine Geliebte.«

„Aber Elisabeth, das geht doch nicht. Wie soll, wie soll ... wie soll ... das denn im Bett ... also nein!«

Elisabeth schlang ihren Arm um meine Schultern und zog mich an sich.

»Muttchen. Auch Frauen mit Frauen und Männer mit Männern haben ein erfülltes Sexualleben. Ich mag Männer, aber nicht im Bett. Ich weiß nicht den Grund, aber es ist so. Antje hat alle jene Gefühle in mir geweckt, die du als junge Frau für Vater gehabt haben magst.«

»Schweig. Das darfst du nicht vergleichen. Du bist unmoralisch, pervers, lebst jenseits von Recht und Ordnung. Wie kannst du uns das antun? Die Leute werden mit Fingern auf uns zeigen. Unsere Tochter eine, wie heißt das, eine Sappho?«

»Es heißt Lesbe. Sappho war eine griechische Dichterin, die sich mit jungen Mädchen umgab und auf Lesbos lebte.«

»Armer Hansi. Deshalb hat sie dich Saffo genannt. Dabei kommst du von den Kanaren und bist ein Männchen! Oder stimmt das gar nicht. Bist du ein Weibchen? Ein weibliches Baby? Ich habe mir immer ein zweites Mädchen gewünscht. Aber mein Man wollte kein drittes Kind. Jetzt habe ich ein Enkelkind. Es schlummert im Käfig und heißt Sappho.«

»Du hast auch immer mit jungen Mädchen Kontakt gehabt. Ich habe mir nie etwas dabei gedacht, im Gegenteil. Ich war froh, daß du dich von Männern zurückhieltest. Haben wir da etwas falsch gemacht?«

»Nein. Ihr habt keine Schuld. Keiner hat Schuld. Es steckt einfach in mir drin, daß ich Frauen attraktiver finde als Männer. Anfangs, so mit vierzehn, fünfzehn, habe ich das als merkwürdig empfunden. Aber dann war es mir egal. Bevor ich Antje kennenlernte, hatte ich Beziehungen zu anderen Frauen. Aber das war alles nur vorübergehend. Sozusagen zum Ausprobieren. Jetzt ist es ernst, und darum mußte ich es dir sagen.«

Ein Abgrund tat sich vor mir auf.

Ich fiel und fiel, tiefer, immer tiefer, in eine rabenschwarze Unendlichkeit.

Kein Boden mehr unter den Füßen.

Keine Leitlinien mehr, die mir Halt gaben.

Keine Moral, die mir als Richtschnur eingeimpft worden war.

Kein Gott, der mich erbarmend auffing.

Kein Licht, das die Dunkelheit in meinem Kopf wegnahm.

Die Dunkelheit ist geblieben. Sie umhüllt einen Teil meiner Gedanken, wehrt alle Helligkeit ab. Mein Arzt nennt das Depression. Er gibt mir Tabletten. Manchmal sind sie wie eine auf Ritz gestellte Jalousie und lassen Licht herein. Dann geht es mir gut. Dann wünsche ich mir, Elisabeth würde vorbeikommen, mir guten Tag sagen und von ihrem Leben erzählen. Aber damals habe ich ihr verboten, unser Haus jemals wieder zu betreten. Jetzt tut es mir leid, daß ich so hart war. Ich habe Wilhelm, meinen Sohn, nach der Anschrift seiner Schwester gefragt. Er gibt sie mir nicht. Sie soll da bleiben, wo der Pfeffer wächst und nicht wieder unser Leben durcheinanderbringen, meint er. Er meint natürlich sein Leben. Denn meines interessiert ihn nicht.

Wenn ich an meinen Mann denke, möchte ich die Jalousie ganz schnell wieder schließen. Denn auch der hat nur sich und sein eingebildetes, zerbrochenes Image gesehen, als er mich in der schlimmsten Situation meines Lebens allein ließ. Ja, er soll bleiben, wo der Pfeffer oder sonstwas wächst. Damals, als Elisabeth mir so unverblümt ihre Beziehung zu Antje erklärte, muß mein Mann hinter der Tür gestanden und alles gehört haben. Denn er stürzte wie ein Amokläufer ins Zimmer und tötete einen Teil von mir.

»Hansi, du hast damals getrillert, das weiß ich noch ganz genau. Ich habe in dem ganzen Dilemma zu dir hingesehen und gedacht, ich träume nur. Träumen ist schön, Hansi. Im Traum gehe ich nach nebenan in den Hof, nehme das Baby aus seinem Kinderwagen und trage es in den Käfig. Dort ist es geborgen. Ich habe Elisabeth versprochen, auf dich aufzupassen. Was tue ich mit dir, Hansi, wenn das Baby in deinem Käfig schläft? Das geht also nicht. Da muß ich eine andere Lösung finden.«

Gestern war meine Schwiegertochter hier. Sie hat mir angekündigt, daß ich in ein Sanatorium soll. Der Arzt meint, das sei gut für mich. Dort gäbe es Psychologen und Psychotherapeuten und Gesprächstherapien und einen Bastelkreis und eine Malgruppe. Was soll ich damit? Will man mich auseinandernehmen wie ein altes Uhrwerk, das nicht mehr richtig tickt? Und wer setzt mich dann wieder zusammen?

»Hansi, was wird aus dir, wenn sie mich wegbringen? Und was wird aus dem Baby von nebenan, wenn ich es nicht mehr von meinem Wohnzimmerfenster aus bewachen kann? Ich muß es mitnehmen. Ja, es ist in seinem Kinderwagen und schläft. Wo ist eine Decke? Hansi, gleich bringe ich dir mein Enkelkind.«

Warum ist es so dämmrig auf dem Hof? Es ist doch noch nicht Nacht? Nachts schließen sie die Hoftür ab. Aber sie ist offen, wie immer am Tag. Keiner schließt die Türen ab. Wir leben auf dem Dorf, wo die Welt noch heil ist und es keine Diebe gibt. Diebstahl ist Sünde. Ich will nicht stehlen. Ich will schützen. Das Baby hat keinen Aufpasser mehr, wenn sie mich ins Sanatorium bringen. Ich muß es mitnehmen. Brav sein, nicht weinen. Still sein, sonst kommt Elisabeth und fragt, was ich mit dir tue. Ach Gott, da ist sie schon. Nein, es ist Karin. Warum nimmt sie mir das Baby weg? Und jetzt sind alle Jalousien geschlossen. Jetzt ist es wirklich Nacht.

»Guten Tag, Babette. Kennst du mich noch? Ich soll dich ganz herzlich von den Chemiesetten grüßen. Sie waren traurig, als sie von deiner Krankheit hörten. Jetzt bin ich hier und möchte dich fragen, wie es dir geht.«

So war das, als Charlotte mich im Sanatorium besuchte. Das war fünf Wochen nach meiner Einlieferung, an die ich mich nicht erinnern kann. In mir war totale Nacht, damals, als ich versuchte, Karins Baby zu stehlen. Karin hat es nachsichtiger formuliert. »Es war eine momentane Verwirrung«, hat sie dem Arzt gesagt. Ich muß es wohl glauben, obwohl es mir schwer fällt. Zu was bin ich fähig, wenn die Jalousien herunterfallen?

»Es hat in dem Moment begonnen, als meine Tochter mir von ihrer Homosexualität erzählte. Da ging etwas in mir kaputt«, sagte ich Charlotte. Sie riet mir:

»Du mußt das Zerbrochene aufheben. Du mußt es dir genau ansehen und langsam, Stück für Stück, wieder zusammensetzen. Möchtest du, daß deine Tochter dir dabei hilft?«

Ja, ich wollte. Zwei Tage später stand Elisabeth vor mir. Fünf Jahre hatte ich sie aus meinem Leben verbannt. Meine Augen tasteten sich zaghaft über ihr älter gewordenes Gesicht. Zaghaft streckten sich unsere Hände entgegen. Dann lagen wir uns weinend in den Armen.

»Muttchen, wie leid tut mir das alles. Ich hätte sensibler sein müssen. Bitte, entschuldige mein damaliges Verhalten. Ich hätte wissen müssen, wie hart die Wahrheit für dich war. Können wir noch einmal von vorn anfangen? Darf ich dir ein zweites Mal erzählen, wieso mein Leben anders verläuft, als du es erhofft hast?«

Elisabeth erzählte. Von Antje, der holländischen Frau, mit der sie eine Vier-Zimmer-Wohnung teilte. Von Antjes Herzlichkeit gegenüber den alten Menschen im Heim. Ihrer resoluten Fürsorge, ihrer Güte und Fröhlichkeit.

»Antje lehrte mich, was ein erfülltes Leben ist. Wir mögen uns sehr. Aber wir haben uns entschlossen, unsere Lebensgemeinschaft so zu lassen, wie sie ist. Keine Homoehe. Dafür ist unsere Umgebung noch nicht aufgeschlossen genug. Wir wollen nicht provozieren. Wir wollen einfach unbelästigte Gemeinsamkeit und gleiche Chancen wie Heterosexuelle. Unser Dorf ist nicht der richtige Ort, um so zu leben. Ich wollte ja auch damals, vor fünf Jahren, kein offizielles Coming out. Aber Vater und Wilhelm haben ihren ganzen Frust öffentlich durchs Dorf getratscht. Ich hörte dann auch von deinen Depressionen, aber ich habe mich nicht getraut, dich zu besuchen. Darf ich das ab jetzt ändern? Sollen wir versuchen, eine neue Beziehung aufzubauen? Keine von Mutter zur Tochter, sondern von Frau zu Frau?«

Ich war unschlüssig. Mein Gefühl warnte mich. War ich stabil genug, die Belastung, die mich an den Rand des Abgrunds gestoßen hatte, erneut, aber unter anderen Vorzeichen, auf mich zu nehmen?

»Wenn Sie freiwillig dazu ja sagen, werden Sie es schaffen«, sagte mein Arzt.

Ich wollte einen Test. »Bringen Sie mir meinen Kanarienvogel«, forderte ich.

Hansi saß verstört auf seinem Stängchen. Waren jetzt bei ihm die Jalousien gefallen?

»Hansi, kennst du mich noch? Komm, wir spielen Köpfchen kraulen. Hansi ist mein Liebling. Du sagst Piep? Jetzt kennst du mich wieder? Ich will dir was erzählen. Ich nenne dich nicht mehr Hansi, sondern Saffo. Komm Saffo, sag Piep«. Saffo begann zu trillern. Die Jalousien hoben sich.

Seit acht Wochen lebe ich mit Saffo im Altenheim der Steyler Missionsschwestern in Holland. Dort, wo Elisabeth und Antje Dienst tun. Sie sind anerkannte und beliebte Pflegerinnen, deren private Vorlieben niemand interessiert.

Elisabeth hat mir gestern erzählt, daß ihre Schwägerin schwanger ist. Mein Sohn, der sich von uns distanziert hat, wird Vater. Ich werde Großmutter. Aber ich weiß noch nicht, ob ich mich darüber freuen soll.

ISABELLE: DIE LEIHOMA

Eine Journalistin hat mich neulich gefragt, ob es denn Spaß mache, anderer Leute Kinder zu hüten. »Nein«, habe ich unwirsch geantwortet. »Spaß macht es nicht, es macht Freude.«

Spaß, das ist für mich oberflächliches Vergnügen.

Freude geht tiefer, sie sitzt im Herzen.

Und dort hat sich Jonas festgesetzt. Jonas ist vier Jahre und mein erster »Leihenkel.« Ein scheußliches Wort. Ich bin auch nicht seine »Leihoma.« Jonas nennt mich Omabelle, eine Zusammensetzung aus meinem Rufnamen Isabelle und einer Beziehung, die nichts mit Verwandtschaft, aber ganz viel mit Zuneigung zu tun hat. Diese Zuneigung ist langsam gewachsen, anfangs gepaart mit einem schlechten Gewissen. Denn ich habe ein richtiges Enkelkind, das ich herzlich liebe. Aber diese Liebe muß eine große Entfernung überwinden, muß über den Ozean jetten, um sich verschwenden zu können. Richy wohnt mit seinen Eltern im Osten der USA, in Orono im Bundesstaat Maine. Ein Mini-Ort am Zusammenfluß von Stillwater und Penescot River. Früher lebten hier die Penescot-Indianer. Jetzt steht auf ihrem Grund und Boden die University of Maine. Dort, am Departement of Music, ist mein Schwiegersohn Bob Dozent. Meine Tochter Silke, ebenfalls Musiklehrerin, lernte Bob auf seiner Europatournee kennen. Vivaldis Gloria schuf den ersten Kontakt. Es folgten Beethoven, Haydn, Gilbert und Sullivan und dann war es aus mit den Komponisten. Die Musik spielte anderswo, in ihren Herzen. Silke folgte ihrem Bob in die Vereinigten Staaten. Als vor vier Jahren Richy geboren wurde, besuchte ich die junge Familie. Sie wollte mich nicht mehr fortlassen, wollte mir in ihrem Heim eine neue Heimat geben. Ich lehnte ab. Ich könnte in den USA nicht heimisch werden. Es ist nicht mein Land. Es ist mir zu jung und ich bin ihm zu alt. Ich flog wieder zurück in meine graue Stadt am Meer und schicke mein Herzweh mit den Nordseewellen auf die Reise über den großen Teich. Ab und zu läutet das Telefon.

»Granny, ich liebe you. Danke für deine greetings und das deutsche Bilderbuch. Hast du kein Hörbuch von Harry Potter? Well, das wäre supergeil. Mammy sagt, das wär ein böses Wort. Why? Es sagen alle boys im Kindergarten. Granny, schickst du mir einen Teddybär, damit ich etwas zum Liebhaben habe from you? Bye-bye.«

Richys drolliges Kauderwelsch zeigt mir, daß er ein Kind seiner und nicht meiner Heimat ist. Am Telefon macht sich der Unterschied nur in der Sprache bemerkbar. Aber wenn ich einmal im Jahr für vier Wochen meine graue Stadt mit dem grellen Orono tausche, steigert sich der Kontrast bis zur Dissonanz. Wir lieben uns und wir bekriegen uns. Das beginnt beim Küchenzettel, der nur praktisches Fast Food kennt.

»Granny, für zeitaufwendige europäische Gerichte habe ich keinen Bock.«

Silkes Herd ist ein Relikt aus dem Anfang des 20. Jahrhunderts. Sorry, und dieses Volk fliegt zum Mond? Wenn ich die Kombination von Dauerlüften und bullernder Heizung kritisiere, lacht meine Tochter mich aus.

»Mutter, vergiß deine deutsche Sparsamkeit«, heißt es dann. Das Bier schmeckt wie vergewaltigte Limonade, aber der Ahornsirup ist ein Gedicht. Wenn ich Richy vom lieben Gott erzähle, weiß ich nicht, welcher Glaubensrichtung sich Gottvater gerade angeschlossen hat. Aber das Requiem von Gabriel Fauré, das Bob mit seiner Oratorio Society und den University Singers aufführte, war ein Geschenk an Tiefe und Innigkeit.

Einen Monat im Jahr lebe ich bei Silke, Bob und Richy im Ausnahmezustand. Der Rest der Zeit ist Sehnsucht, Langeweile und Neid auf Großmütter, die ihre Enkelkinder immer griffbereit haben. Der Umbruch in diesem ungenutzten Leben begann mit einer Anzeige in unserer Tageszeitung:

Liebevolle Oma gesucht, die unseren dreijährigen Jonas stundenweise betreut

Warum sucht ein Elternpaar per Anzeige eine Großmutter? War es ein seriöses Angebot? Meine Skepsis war riesengroß, aber meine Neugier überwog. Sie führte meine Hand, als ich mich an einer Kurzbewerbung versuchte:

Deutsche Großmutter ist traurig, weil sie ihren amerikanischen Enkel so selten sieht. Sie hat viel freie Zeit und möchte Jonas und seine Eltern kennenlernen. Sie möchte testen, ob wir uns sympathisch sind. Wenn ja, wird sich alles Weitere finden.

Unterschrift, Absender, Telefonnummer, Briefmarke, Spucke. Schlappen aus und Schuhe an. Briefkasten.

Als meine spontan formulierte Neugier in den Kasten plumpste, hätte ich am liebsten die nächste Leerung abgewartet und den Brief zurückgefordert. Wie kam ich auf die absurde Idee, einem fremden Kind die Oma ersetzen zu wollen? Hoffentlich löste sich die Zuschrift in Luft auf oder ging verloren oder gelangte an die falsche Adresse oder der Absender war unbekannt verzogen oder er verweigerte die Annahme oder ...

Nichts von alledem geschah. Nach zwei Tagen Unsicherheit und Ungeduld bimmelte das Telefon:

»Hier ist Johanna Spyri, die Mutter von Jonas.«

»Weeer?«

»Sie haben richtig gehört«, lachte die Stimme am anderen Ende der Leitung. »Ich heiße wirklich so. Spyri wie Heidi, aber keinerlei Verwandtschaft, außer daß die Vorfahren meines Mannes aus der Schweiz stammen. Ihre Kurznachricht hat uns gefallen. Können wir uns treffen?«

Jonas Spyri und seine Eltern wohnten nur drei Straßenzüge und trotzdem Welten von mir entfernt. Ihr Haus war eine Villa, erbaut von Urs Spyri persönlich. Ein Animationsobjekt des Stararchitekten für betuchte Bauwillige. Hanna Spyri paßte in dieses Haus wie eine Amsel in einen Adlerhorst. Sie war Mitte Dreißig, rundlich, ungeschminkt, blond und herzlich. Meine Sympathie flog ihr entgegen. Ganz anders bei Jonas. Er war ein stilles, ernstes Kind. Er sagte „Guten Tag" und sonst nichts mehr. Seine dunklen Augen verfolgten mich aufmerksam. Ich sah, daß er mein Werben um Nähe verstand. Aber er artikulierte sich nicht. Er blieb stumm. Ein kleiner liebenswerter dreijähriger Junge, gefangen im dunklen Bauch der Sprachlosigkeit.

Hanna Spyri sah mein Erschrecken. »Es ist schwer, Jonas zum Sprechen zu bringen. Das ist unser Kummer. Wir haben schon Ärzte und Psychologen aufgesucht. Sie vertrösten uns. Wir müssten Geduld haben. Nervöse Finger trommelten einen Marsch auf den Glastisch. Jonas Beinchen wippten im Rhythmus. In seinen braunen Augen zuckte ein Lächeln auf und erlosch. Ich nahm Hanna Spyris Hand beruhigend in die meine und bat mit vorsichtigem Blick auf das Kind:

»Jetzt habe ich Jonas kennengelernt. Zeigen Sie mir bitte seine Umgebung?«

Es war mir wichtig, allein mit der Mutter zu reden. Jonas schnappte jedes Wort auf. Wahrscheinlich war sein kleiner Geist schon viel zu belastet durch die Angst seiner Eltern und die Reisen durch die Arztpraxen. Jonas Eltern luden mich zum Abendessen ein. Ich erzählte von meinem fernen Enkelkind und meiner Einsamkeit. Urs und Hanna Spyri schilderten ihre Sorge um Jonas.

»Er hat sich wie ein ganz normales Kind entwickelt«, erklärte Urs Spyri. »Als er zwei Jahre war, erkrankte meine Frau und kam in ein Sanatorium. Ich begleitete sie. Als wir beide nach Wochen wieder zu Hause waren, begann das Dilemma. Jonas sprach immer weniger und verstummte schließlich. Wir Eltern haben keinen Zugang mehr zu ihm. Großeltern hat er auch keine mehr. Wir versuchten es mit einer jungen geschulten Psychologin. Aber Jonas weigerte sich, zu ihr eine Beziehung aufzubauen. Jetzt möchten wir es mit einer älteren warmherzigen Dame, einer richtigen Oma, versuchen, die unvoreingenommen ist und der es vielleicht gelingen wird, unser Kind aus seiner sprachlichen Isolation zu erlösen."

Ich erschrak vor der Verantwortung. So hatte ich mir meine Aufgabe als Leihoma nicht gedacht. Aber ich hatte schon zu intensiv in Jonas' Kinderaugen geschaut. Sie erzählten wortlos, aber beredt, Erlebnisse aus seinem Innern und es lockte mich, sie zu entschlüsseln und aufzuschreiben.

Jonas Augen sagten mir, daß er mich mochte. Er strahlte mich an, wenn ich kam, war traurig, wenn ich ihn verließ. Er lachte über meine kleinen, selbst ausgedachten Geschichten und litt mit Hänsel, Gretel oder Schneewittchen, wenn ich ihm Märchen vorlas. Aber außer „Guten Tag«, „Auf Wiedersehen" und ein paar gestammelten Lauten war ihm kein Wort zu entlocken. Nach drei Testwochen schrieb ich in mein Tagebuch:

Es war einmal ein kleiner Junge, der nicht zu sprechen brauchte, weil er auch ohne Worte alles bekam, was er wollte. Wenn er durstig war, zeigte er auf eine Flasche, ein Glas oder eine Kanne, je nachdem was ihm gerade zu Gesicht kam und machte »hm.« Prompt bekam der Junge sein Getränk. Ähnlich war es beim Essen.

Er zeigte auf die verschiedenen Speisen und der Teller füllte sich. Wenn der Junge müde wurde, schloss er einfach die Augen. Wollte er in den Garten, stellte er sich vor die verschlossene Tür und bummerte gegen das Holz. Im Haus des Jungen gab es viele gute Geister, die seine Gesten verstanden und seine Wünsche ganz schnell erfüllten. Ab und zu sagte der Junge bitte oder danke, Guten Tag oder Guten Abend. Ansonsten regierte er wie ein kleiner König. Er freute sich, wenn er die Liebe seiner Eltern spürte und belohnte sie ab und zu mit einem herzlichen Lächeln. Daß sie sich sorgten, weil ihrem Kind die Sprache fehlte, wollte er nicht verstehen. Jonas lebte wie auf einer Insel oder wie sein biblischer Namensvetter abgeschirmt im Bauch des Fisches. Bis eines Tages eine fremde Frau ins Haus kam. Anfangs erzählte sie ihm tolle Geschichten. Aber dann wurde auch sie stumm wie ein Fisch. Sie hatte ihre Stimme verloren ...

Zweimal wöchentlich ging ich in die Villa Spyri und spielte mit Jonas. Nach sechs Wochen, als ich hoffte, seine Zuneigung belasten zu können, sagte ich zu ihm:

»Für die nächste Zeit müssen wir uns andere Spiele ausdenken. Mein Arzt hat mir verboten zu sprechen, weil ich eine Entzündung an den Stimmbändern habe. Die Stimmbänder sind ganz wichtig, um sprechen zu können. Es kann sein, daß deine Stimmbänder auch entzündet sind und du sie schonen mußt. Deshalb wollen wir uns versprechen, in der nächsten Zeit ganz brav den Mund zu halten und nicht miteinander zu reden. Bist du damit einverstanden?«

Jonas sah mich total überrascht an. Er zog er die Stirn in Falten und begann zu grübeln. Dann nickte er und sagte laut und deutlich »Ja«.

Bei den nächsten Spielnachmittagen bauten wir Burgen und Türme, Kirchen und Häuser. Wir ließen Matchboxautos über selbst gezeichnete Autobahnen flitzen und Schiffe über blaue Papierteiche segeln. Wir verständigten uns durch Blicke oder Zeichen. Es war ein stummer, intensiver, anstrengender Machtkampf. Wann würde Jonas den Bauch des Fisches verlassen? Wann das selbst gewebte Netz der Sprachlosigkeit zerreißen? Eine von jeder Psychologie unbelastete alternde Frau spielte *va banque* mit einem intelligenten kleinen Bengel. Er stellte meine Geduld auf eine harte Probe. Würde mein nächster Griff in die Trickkiste gelingen?

In einer alten Spielzeugtruhe, in der ich Erinnerungen aus den

Kleinkindertagen meiner Tochter verwahrte, fand ich was ich suchte: Ein ziemlich zerrupftes schlauchartiges aus bunten Wollresten gestricktes Etwas, das Geschenk einer Tante. Strumpfelinchen hatte meine kleine Silke dieses merkwürdige Wesen getauft und heiß geliebt. Ich nahm es mit zu Jonas und legte es ganz unbeabsichtigt neben mich. Das merkwürdige Ding weckte sein Interesse. Aber Strumpfelinchen weigerte sich. Es versteckte sich hinter meinem Rücken. Es lugte unter meinem Arm hervor, verschwand wieder, wand sich wie eine Schlange um meinen Nacken und glitt dann lustig wedelnd in meine Tasche.

Jonas streckte verlangend sein Händchen aus. Ich reagierte nicht. Seine Augen bettelten. Ich stellte mich stur. Er wurde böse und stampfte mit den Füßen. Vergebens. Da brüllte er los.

»Psst, denke an deine Stimmbänder. Sie sind doch krank«, flüsterte ich.

»Nicht krank. Jonas will Linchen haben. Sofort.«

Siehe da, der Fisch konnte sprechen! Ich unterdrückte meine aufschießende Freude und stellte mich taub.

»Omabelle, so höre doch. Jonas will Linchen haben!«

Omabelle? Welch hübscher Name. Klein-Jonas hatte Phantasie. Das war wohl auch der Auslöser für sein Verlangen nach dem merkwürdigen Mischling. Ich schwankte zwischen Gewähren und Ablehnung.

Langsam kroch Strumpfelinchen wieder aus der Tasche. Aber als Jonas stumm seine Hand nach ihm ausstreckte, verschwand es wieder.

»Das Linchen mag nur sprechende Kinder«, sagte ich. » Es hat gemerkt, daß du noch ganz ungeübt bist, weil du deine Stimmbänder schonen mußtest. Aber die Schonfrist ist jetzt vorbei. Wenn du heute ganz leise und vorsichtig mit mir sprichst, darfst du Linchen beim nächsten Treffen ganz fest liebhaben. Heute will es nur zuhören.«

Ich nahm den bunten, wolligen Mischling aus Puppe, Hund und Ringelwurm in den Arm.

Gespannt sah ich Jonas in die Augen und las Trotz und Wut im Wechsel mit Sehnsucht und ... tatsächlich, blühte da nicht ein schalkhaftes Lächeln auf? Sollte dieser intelligente kleine Kerl uns alle genarrt haben?

»Linchen hat eine schöne Geschichte mitgebracht. Sie ist ganz allein für dich geschrieben. Möchtest du sie hören?«

Jonas nickte.

Linchen versteckte seinen Kopf unter meinem Arm.

»Wie war das mit dem Sprechen können«, mahnte ich.

»Bitte, Linchen, Geschichte erzählen.«

Linchen lugte aus seinem Versteck und nickte zustimmend. Ich begann:

»Es war einmal ein kleiner Junge, der hatte Eltern, die sich Tag und Nacht um ihn kümmerten. Der Junge fühlte sich geborgen und geliebt und war darum ein fröhliches Kind, das den Eltern viele kleine Babygeschichten erzählte. Die Eltern verstanden die Babysprache gut und freuten sich, daß ihr Kind immer besser sprechen lernte. Es war inzwischen zwei Jahre alt geworden. Da wurde die Mutter eines Tages schwer krank. Sie kam in ein Sanatorium und blieb viele, viele Wochen dort. Der Vater begleitete sie, denn er hatte Angst um seine Frau und wollte ihr nahe sein. Die Eltern versäumten es, dem kleinen Jungen genau zu erklären, warum sie ihn so lange allein lassen mußten. Weil der Junge keine Großeltern mehr hatte und auch nicht in dem großen Haus allein bleiben konnte, engagierte der Vater ganz schnell eine Kinderschwester. Aber der Junge mochte die Schwester nicht leiden und beschloß, zur Strafe nicht mehr zu sprechen. Auch als seine Eltern wieder zu Hause waren blieb er weiter stumm, denn er war böse auf seine Eltern, weil sie ihn so lange allein gelassen hatten. Nach und nach merkte er, daß seine Eltern ihn weiterhin sehr lieb hatten und sich um ihn sorgten. Aber mittlerweile fand er es ganz lustig, den stummen Fisch zu spielen. Denn auch ohne zu sprechen erreichte er alles, was er ...

»Woher weißt du das alles? Warum erzählst du mir diese Geschichte?«

Ich verschluckte mich fast vor Überraschung, faßte mich aber schnell.

»Das Linchen ist schlau und hat sie mir erzählt. Das Linchen mag aber nur Kinder, mit denen es sich unterhalten kann. Wenn ich ihm bei meinem nächsten Besuch erzähle, daß du dich bemühen willst, wieder sprechen zu lernen, dann freut es sich und dann darfst du es behalten.« Linchen nickte und verschwand wieder in meiner Tasche.

Das Eis war gebrochen. Nach zwölf Monaten Trauer und Trotz im

Bauch spuckte der Fisch den Jonas aus und gab ihm die Sprache zurück. Was ich geahnt hatte, bewahrheitete sich: Jonas konnte sich ohne Schwierigkeiten artikulieren. Da gab es kaum etwas zu lernen oder zu üben. Wie auf Tastendruck quoll das lang Gespeicherte hervor und wurde zum Hörvergnügen. Jonas verblüffte durch Wörter und Sätze, die für einen knapp Vierjährigen aufhorchen ließen. Unendliche Erleichterung bei seinen Eltern wollte sich in finanzielle Entlohnung verwandeln. Aber ich lehnte ab. Das, was ich spürte, ließ sich nicht bezahlen. Ich blieb Jonas ehrenamtliche »Omabelle«, die ihn weiterhin einmal in der Woche besuchte.

Was ich nicht vermutet oder beabsichtigt hatte: Mein Dasein als »Leihoma« zog Kreise. Hanna Spyri vermittelte mich an Bekannte, bei denen ich die Aufgabe einer »Ferienoma« übernahm. Dann kam die Anfrage, Abenddienst bei einem behinderten Mädchen zu übernehmen. Und dann der Zeitpunkt, als mein Terminkalender »Nein« sagte und ich in meinem Bekanntenkreis auf Suche ging.

Ich wurde fündig. Denn es gab noch mehr Großmütter mit freier Zeit. Manche waren unsicher, mit fehlendem Zutrauen zu sich selbst und der unbekannten Aufgabe mit unbekannten Kindern. Zunächst versuchte ich in Einzelgesprächen, die Motivation der »Leihomas« zu erfragen und ihnen die Angst vor der eigenen Courage zu nehmen. Dann entdeckte ich, daß im Gruppengespräch sich die verschiedensten Erfahrungen bündeln konnten. Das war der Beginn vom »Kreis ehrenamtlicher Leihgroßmütter.« Zur Zeit sind es sechs Frauen zwischen fünfzig und siebzig Jahren, die sich der Aufgabe stellen oder besser: die sich den Dienst zutrauen. Denn nicht immer fluten die Sympathiewellen wie bei Jonas und seiner Omabelle. Auch ich habe schon erlebt, daß eine Fünfjährige es sich verbat, »daß diese alte Schrulle mir alte Schnulzen vorkaut«. Dann ist es besser, man beendet diese Beziehung, bevor sie richtig angefangen hat. Andere aus unserem Kreis berichten von eifersüchtigen Müttern oder gekränkten »richtigen« Großmüttern.

»Eine Oma legte sich mit ihrer Tochter an, weil die mich an drei Wochenenden um Hilfe bat. Die Mutter besuchte einen Fortbildungskurs, der auch Veranstaltungen außerhalb beinhaltete. Dabei war die Großmutter gar nicht bereit, aus der Nachbarstadt anzureisen und ihr Enkelkind zu betreuen. Da habe ich Schluß gemacht, weil ich keine Lust habe, meinen Buckel für Familienfehden hinzuhalten.«

Aber solche Erfahrungen waren in der Minderzahl. Meistens ging es bei unseren Treffen um das Aufspüren von eigenen Fehlern und Mut machendem Zuspruch bei Selbstzweifeln.

Unsere Leih-Oma-Aktion zog Kreise bis nach Amerika. Meine Tochter lobte meinen Mut, in meinem Alter (ich bin 57!) etwas Neues anzufangen. Richy malte einen nach Luft schnappenden Fisch, der von seiner Granny gestreichelt wurde. Daneben weinte ein Strichmännchen. Sprechblase: Und ich?

Sollte da eine unbestimmte Eifersucht über den großen Teich geschwappt sein? Bevor ich einen tröstenden Brief schreiben konnte, brach ein anderes Ereignis über mich herein. Es trug einen beunruhigend amtlichen Charakter. In Blitzesschnelle durchlief mein Gewissen die Liste möglicher Verfehlungen – allerdings ohne fündig zu werden. Außerdem: Eine Mahnung oder ein Protokoll auf Büttenpapier – das ließe der desolate Finanzzustand der öffentlichen Hand kaum zu. Nein, es war eine Dankeshand, die mir mit Stadtwappen und Unterschrift der Oberbürgermeisterin angekündigt wurde.

»Ihr Wirken für die Menschen dieser Stadt ist mir nicht verborgen geblieben. Gerne habe ich Sie deshalb für die Goldene Ehrennadel dieser Stadt vorgesehen und möchte Ihnen dieses Ehrenzeichen am ...«

An der Hand von Jonas betrat ich den großen Rathaussaal und ich hatte diese kleine, feste Kinderhand auch bitter nötig. Denn ein seit Jahren nicht mehr gespürtes Herzklopfen fuhr mir in die Beine und machte sie puddingweich.

»Omabelle, ist gar nicht so schlimm, die Leute können alle sprechen«, krähte Jonas durch die feierliche Stille. Ein heiteres Lachen machte mir die Augen blank und ließ mich Umschau halten. Jonas Eltern, die die Ehrung angezettelt hatten, saßen in der zweiten Stuhlreihe. Dahinter die erwartungsvoll wispernden Damen vom Leih-Oma-Kreis. Jonas zog mich weiter zur ersten Reihe. Dort zappelte ein gleichaltriger Junge ...

Richy!! Silke!! Bob!! Vier Arme und zwei Ärmchen umschlangen mich und trugen mich und meine Puddingknie zum nächstbesten Stuhl. Hinter meiner Brille begann es zu tropfen. Liebevolle Hände nahmen sie mir von der Nase, tupften mit dem Taschentuch über mein Make-up, zerstrubbelten das Meisterwerk meines Friseurs.

»Siehste, jetzt bist *du* stumm wie ein Fisch«, kicherte Jonas.

Diese Überraschung hatte mich tatsächlich wortlos und fast kopflos und vor allen Dingen haltlos gemacht. Der Beginn der Veranstaltung mit einem Sonatensatz – welcher denn zum Donnerwetter, ach so Mozart – brachte mich wieder ins Gleichgewicht. Und dann hörte Frau Isabelle von der Mühlen, Richys Granny und Jonas' Omabelle, daß sie »freiwillig, ehrenamtlich und unter Verzicht auf Freizeit Verantwortung für das Gemeinwohl unserer Stadt übernommen und sie dadurch lebens- und liebenswerter gemacht hat". So illustre Worte für selbstverständliche Mitmenschlichkeit kratzten an meiner Selbstsicherheit. Ich war gerührt. Ließ mir die blinkende Nadel mit dem Wappen der Stadt ans Blazerrevers heften, nahm Blumenstrauß, Gratulation, Händeschütteln, Küßchen, Schulterklopfen und gute Wünsche wie abwesend entgegen und schaute nur immer wieder zu meinen fernen Lieben, die durch Zauberhand plötzlich so nahgerückt waren. Diese Zauberhand gehörte Jonas' Vater und war sein Dank für ...

Schluß damit. Jetzt war genug gelobt und gedankt. Heute war ein Festtag und ich wollte – ja, vielleicht auch ein bißchen Spaß haben. Aber vor allen Dingen mich von Herzen freuen.

BETTINA: BEHINDERT

Es ist ein schöner Sommertag kurz vor Beginn der Schulferien. Im Fußgängerzentrum wimmeln die Menschen umeinander wie die Ameisen bei der Nahrungsbeschaffung. Nur ungezielter. Deshalb laufen sie sich gegenseitig vor die Füße, umkreisen planlos vor den Geschäften aufgebaute Wühltische, rempeln sich auch hin und wieder an und rufen »Tschuldigung«, wenn Tüten-Pommesfrites haarscharf an teuren Blazern vorbei zur Erde kollern. Ich sitze mit meiner Freundin Ruth im abgetrennten Planquadrat eines Eiscafés und versuche, den Tag und mein Eis zu genießen. Aber der morgendliche Urlaubs-Abschieds-Besuch bei meinem Enkelkind tropft in meine Feriengedanken wie das zerschmelzende Eis vom langstieligen Löffel.

»Mein Schwiegertochter Heike steckt den Kopf in den Sand. Sie will einfach nicht wahrhaben, daß Mara ärztliche Hilfe braucht. Es ist doch nicht normal, daß ein fast dreijähriges Kind noch nicht sprechen kann. Mara ist stumm wie ein Fernseher mit abgeschaltetem Ton. Ihre einjährige Schwester Sophie dagegen plappert wie ein aufgedrehter Thomas Gottschalk. Wenn ich mit Heike darüber reden will, blockt sie ab. Was soll ich nur tun?«

»Abwarten, bis Mara in den Kindergarten kommt. Du sagst, sie ist angemeldet?«

Ich nicke bestätigend und sehe meine Freundin forschend an.

»Du kennst dich als Sonderschullehrerin doch aus mit Behinderungen. Meinst du, daß mein Enkelkind ...? Das wäre furchtbar!«

Ich lege den Löffel aus der Hand. Das Eis schmeckt nicht mehr. Die Leute rundum auf den eisernen Rohrstühlchen scheinen mich anzustarren. Wie würden sie erst gucken, wenn neben mir ein Kind säße, das blöd wäre. Ja, blöd, dumm, doof, nicht lebenstauglich. Behinderung ist doch nur ein beschönigendes Wort für Minderwertigkeit. Früher nannte man ein solches Kind einen Krüppel. Nein, Heike hat recht. Mara wird noch das Sprechen lernen und alles ist gut. Oder nicht? Die Zweifel fressen mich auf, zerren an meiner Lebensfreude.

»Ruth, sag doch was. Verschaff mir Klarheit.«

Meine Freundin drückt mir beruhigend die Hand. »Manche Kinder brauchen eben länger, um sich zu artikulieren. Hast du denn sonst noch beunruhigende Anzeichen bemerkt?«

»Ich weiß nicht. Mara ist anhänglich und lieb. Sie kann so herzlich lachen. Manchmal stolpert sie über ihre Beinchen, daß man sie schnell auffangen muß. Das ist alles.«

»Oder sehr viel. Wann kommt sie denn in den Kindergarten?«

Nach den Sommerferien. Morgen fährt die junge Familie erst einmal an die Nordsee in Urlaub.«

»Und du benutzt die Zeit zum Abschalten. Bitte, Bettina. Es hilft keinem, wenn du dich kaputt machst. Vielleicht wirst du eines Tages noch ganz dringend gebraucht.«

Ist meine Freundin Ruth unter die Hellseher gegangen? Ahnt sie mehr, als sie mir sagen will? Seit Monaten ringe ich mit dem Verdacht, daß mit Mara irgend etwas nicht stimmt. Aber mir sind die Hände gebunden. Das Band heißt Heike und ist meine Schwiegertochter. Unser Verhältnis ist kein Verhältnis, sondern ein Waffenstillstand. Ihre norddeutsch-hanseatische Mentalität legt sich so quer mit meiner rheinischen, was ein Miteinander deutlich kompliziert. Sie ist distanziert, hat so gar keinen Humor, legt jedes Wort auf die Goldwaage. Ich bin ein deftiger Typ. Matjes, nicht Kaviar. Mein Sohn liebt das Feine, Gestylte. Deshalb halte ich mich seitwärts. Nur wenn es um meine beiden Enkelkinder geht, presche ich vor. Die Bilanz: verbrannte Finger meinerseits und gepflegte Abweisung ihrerseits.

Die andiskutierte Klarheit kommt schneller als erwartet. Wenige Tage nach Urlaubsbeginn steht mein Sohn Rolf vor der Tür und stammelt: »Mit Mara ist was passiert. Sie ist mit Heike in der Kinderklinik. Es besteht Verdacht auf... auf... auf ...

Rolf taumelt ins Wohnzimmer, sinkt in einen Sessel, vergräbt das Gesicht in den Händen und weint. Ein total aufgelöster Mann.

Ich setze mich zu ihm, ziehe seinen Kopf an meine Schulter und umschlinge seinen bebenden Rücken. Jahrzehnte fliegen rückwärts. Rolf wird wieder zum Kind, das bei seiner Mutter Trost sucht. Nur sekundenlang. Dann wird es wieder zum Mann, der sich seiner Emotionen zu schämen beginnt. Ich wende mich ab, hole einen Klaren aus der Vitrine und schenke uns ein.

»Jetzt berichte«, fordere ich kurz.

Mein Sohn atmet schwer. »Es war am zweiten Tag unseres Urlaubs. Wir saßen beim Frühstück. Mara weigerte sich, ihre Milch zu trinken. Sie stieß den Becher, den Heike ihr an die Lippen hielt, abrupt weg und begann, mit dem Kopf hin und her zu pendeln. Rechts-rechts, links-links, es sah schrecklich aus. Als wir sie anfassen wollten, stieß sie uns von sich. Und dann war sie plötzlich wieder ganz ruhig. Wir packten sie ins Auto. In ihrem Kindersitz fing sie wieder an zu pendeln und stieß furchtbare Laute aus. Der Arzt sagt, sie wäre ... sie wäre ... eine Spastikerin. Verstehst du das?«

Nein, ich verstand es nicht. Aber ich hatte es geahnt.

»Was sagt der Arzt? Warum wurde die Behinderung so spät erkannt?«

»Ich weiß es nicht. Der Arzt meint, das Nordseeklima könne den Schub ausgelöst haben. Heike ist total verzweifelt und lehnt es ab, Mara zu sehen. Sie sagt, es sei unmöglich, daß sie, wie sie sagt, ein krüppeliges Kind geboren hat. Der Arzt hat meiner Frau eine Beruhigungsspritze gegeben. Jetzt schläft sie.«

In mir brodelt es. Ich vergesse, daß ich vor wenigen Tagen in der Eisdiele ähnlich gedacht habe.

»Mara ist kein Krüppel. Sie ist ein liebenswertes Menschenkind, das jetzt unsere doppelte Fürsorge braucht. Ich will sie sehen.«

Gemeinsam fahren wir in die Kinderklinik. Mara liegt still in ihrem Bettchen und lächelt mich an. Dann senken sich die hauchzarten Lider. Sie schläft ein.

»Der Arzt hat ihr ein entkrampfendes Mittel gespritzt«, flüstert Rolf. „Morgen soll sie in einer Spezialklinik untersucht werden. Dann sehen wir weiter.«

»Die Hirnströme laufen nicht normal. Sie zucken wie Blitze und bewirken diese abrupten Bewegungen. Jetzt wird noch ausgelotet, mit welchen Medikamenten diese blitzartigen Ausschläge eingedämmt werden können. Jedenfalls habe ich den Arzt so verstanden«, erkläre ich meiner Freundin.

»Deine Schwiegertochter wird wieder bei Punkt Null anfangen müssen«, nickt Ruth. »Es ist viel versäumt worden. Du mußt dir vorstellen, daß Mara trotz ihrer drei Jahre wieder ein Säugling ist. Sie muß krabbeln lernen, versuchen, ihre Gliedmaßen zu koordinieren, sie muß ganz behutsam zum Sprechen angeleitet werden. Die Medikamente werden sie erst einmal apathisch machen, bis die richtige Therapie gefunden ist ...«

»Höre auf«, bitte ich zitternd. »Das wird ja ein Martyrium für Mutter und Kind.«

»Stimmt. Aber ohne Härte kein Erfolg.«

»Wer soll den diese Härte aufbringen?«, murmele ich. »Heike weigert sich, Tatsachen zu akzeptieren. Sie nennt Maras Behinderung eine persönliche Schmach und hadert mit den Ärzten und ihrem Mann. Die kleine Sophie hat sie bei ihrer Mutter untergebracht. Heike will mich nicht sehen und lehnt jede Hilfe ab.«

»Sie wird sich beruhigen«, tröstet meine Freundin. »Sie braucht Zeit. Die Liebe zu Mara ist nicht gestorben, nur verschüttet durch den Schock. Sie wird lernen, daß auch ein spastisch gelähmtes Mädchen mit der entsprechenden Förderung ein zwar behütetes, aber ausgefülltes Leben haben kann. Sie muß sich nur darüber klar werden, daß eine beachtliche Entwicklungsverzögerung eingetreten ist, die nicht so schnell aufgeholt werden kann.«

Stumm wandern wir weiter durch den beginnenden Abend. Neben uns rinnt die Niers in ihrem begradigten Bett. Ein paar Kilometer weiter ist das Ufer renaturiert. Zurückgegebene Freiheit, gesäumt mit Weiden und Wildrosen. Wird Mara je frei sein? Oder schnürt ihre Krankheit sie ein Leben lang ein? Wird es ihren Eltern gelingen, sie in ihrer Behinderung zu akzeptieren? Was kann ich dazu beitragen?

»Du hast einmal angedeutet, daß Krankengymnastik ganz wichtig ist. Wer wird sie durchführen«, nehme ich einen früheren Gedankengang wieder auf.

»Heike wird lernen müssen, diese Übungen täglich anzuwenden. Aber da gibt es eine Gefahr ...«

»Ja?«

»Die Übungen sind für das Kind eine Qual. Sie tun weh. Mara wird nicht verstehen, daß ihre Mutter ihr bewußt Schmerzen zufügt und sich wehren. Das Mutter-Kind-Verhältnis kann dadurch stark belastet werden. Vielleicht wäre es besser ...«

»Ja?«

»Vielleicht wäre es besser, wenn ein Außenstehender, zum Beispiel die Großmutter, diese Übungen anwenden würde.«

»Kann man das lernen?«

»Natürlich. Heike muß das ja auch lernen.«

Wir sind weiter gewandert. Die Niers hat ihr strenges Korsett abgelegt und plätschert weiträumig in die Auenlandschaft. Die Sonne ist untergegangen. Wir kehren um.

Lesen, mein abendlicher Abschaltkanal für Tagesbelastungen, lenkt mich nicht ab. Kein Krimi ist spannend genug, die Spannung in meinem Kopf zu entladen. Auch die Kinderbücher aus Jugendtagen, die in meinem Regal und in meiner Abendlektüre einen besonderen Platz einnehmen, verweigern sich. Trotzkopf, Nesthäkchen, Pucki – alles gesunde Mädchen. Behinderungen kamen bei damaligen Schriftstellerinnen nicht vor. Oder starben diese Kinder früher, weil ihnen keine Förderung zuteil wurde?

Wie ist das mit der zwanzigjährigen Marta, die in einer beschützenden Werkstatt arbeitet und dort einen ebenfalls behinderten Freund gefunden hat? Oder dem gleichaltrigen Heiner, dessen große Leidenschaft deutsche Geschichte ist und der als Aushilfe in einer Bücherei arbeitet? Oder der dreiundzwanzigjährigen Maria, die selbständig in einem Altenheim Dienst tut? Alles junge Menschen aus meinem Bekanntenkreis, deren Behinderung ich bisher nur ganz nebenbei wahrgenommen habe. Jetzt gehört auch Mara dazu. Ihre Behinderung sei die Folge mangelnder Sauerstoffzufuhr während der Geburt, hat mir mein Sohn erklärt. Warum ist dieser Defekt erst jetzt entdeckt worden? Fehlende Sorgfalt der Kinderärztin? Oder schamhaftes Verschweigen der Mutter, die sich und ihre Umwelt bisher getäuscht hat? Hat Heike bewußt die Augen verschlossen und dem Verdacht den Zutritt verwehrt? Fragen, Gedanken, Befürchtungen, die den Bruder Schlaf von meiner Bettkante fegen. Der Morgen dämmert. Amseln proben verschlafen erste Kadenzen. Kater Peterchen maunzt müde von einer ausgedehnten Liebesnacht vor Nachbars Haustür. Irgendwo ruft ein Kuckuck Kuckuck. Im nahe gelegenen Tierheim bellen Hunde energisch nach Frühstück. Sorry, Herr Sandmann, du hast heute Nacht vergeblich gestreut. Ich werfe mich in meinen geblümten Morgenrock, hole die Zeitung herein. Schlagzeile:

»Qualitätssiegel für Kinder? Schützt die Präimplantationstechnik vorgeburtliches Leben?« Ich muß schlucken. Wäre Mara niemals geboren worden, wenn ...? Mein Enkelkind ein Wegwerfartikel? Ab in den Klinikmüll? Dieses liebe Gesicht hätte niemals lächeln, die kleinen Händchen niemals streicheln, der kleine Körper sich niemals an mich schmiegen dürfen? Wohin verirrt sich unsere Gesellschaft? Mir fallen meine Gedanken aus der Eisdiele ein: doof, lebensuntauglich, minderwertig. Ich schäme mich.

Mara ist weiterhin zur Beobachtung in der Klinik. Ihre Mutter sitzt zu Hause und pflegt ihre Depressionen. »Pfui, du bist voreingenommen und unfair«, weise ich mich selbst zurecht. Heike braucht Liebe, Zuwendung und Hilfe. Ob sie sich helfen läßt? Ich will es versuchen. Wappne mich mit Geduld und guten Vorsätzen. Vielleicht ist Maras Erkrankung eine Brücke zu meiner Schwiegertochter und einem herzlicheren Miteinander?

»Ich bin zermürbt vom Grübeln«, sagt eine müde wirkende Heike. Zum ersten Mal läßt sie sich in den Arm nehmen, erwidert scheu meine vorsichtige Annäherung.

»Wirst du dein älteres Enkelkind weiterhin lieben können? Oder schämst du dich seiner Behinderung, wie sein Vater es tut?«

Ich erzähle Heike von meinen bösen Gedanken, von meiner Furcht, meiner Reue, meinen Erfahrungen mit den mir bekannten behinderten jungen Menschen. Meine Offenheit tut ihr gut, findet ein Echo in ihrem Herzen, das Ähnliches durchgemacht hat.

Nach drei Wochen sind sowohl Mara als auch Sophie wieder zu Hause. Ich darf sie besuchen. Beide Kinder sitzen zusammen im Laufstall. Sophie quicklebendig. Mara ruhig und stumm. Aber sie scheint zuzuhören, wenn ihr Schwesterchen in drolligem Babydeutsch auf sie einredet: Ma-Hu-A-Uuu«. Nachdenklich sehe ich den beiden zu. Mara sinkt zurück in die Säuglingsphase. Sie muß bei Punkt Null anfangen, hat meine Freundin gesagt. Ob das kleine Schwesterchen vielleicht als Lehrmeister ... Ich horche auf.

»Ma-A-U.. Ma-Ma-A..« Mühsame Laute, mühsam artikuliert. Dann ein Lachen. Maras Händchen greifen nach denen des Schwesterchens, halten sie fest und drücken so kräftig zu, daß Sophie zu weinen beginnt. Heike stürzt herbei. Aber da hat Mara schon ganz bestürzt ihren Griff gelockert.

»Ma-A-U..« wiederholt sie und strahlt ihre Mutter an.

Um es vorweg zu nehmen: Die beiden Kinder entwickeln im Lauf der nächsten Jahre eine für Erwachsene nicht durchschaubare Geheimsprache. Die Große lernt von der Kleinen, und die wiederum spielt den Kommunikator, den Übersetzer für die Eltern, die, gleich mir, fassungslos und freudig diese Entwicklung verfolgen.

Es gibt noch mehr positive Überraschungen. Nach intensiver Rücksprache mit der Leiterin des Kindergartens erklärt sich diese bereit, Mara aufzunehmen. Die Selbstverständlichkeit, mit der die gesunden Kinder Mara behandeln, tut ihr gut. Wenn Heike oder ich sie mittags abholen, ist sie zwar sehr müde, aber glücklich.

Wenn nur nicht die Quälerei mit der Gymnastik wäre, die Mutter und Kind stark belastet.

»Die Übungen sind wichtig für die Grob- und Feinmotorik. Mara soll doch ihre Bewegungen richtig koordinieren lernen. Sie muß mithelfen, sonst ist alles vergebens. Aber sie will nicht. Sie weigert sich. Sie spuckt mich an, wenn ich versuche, gegen ihren Willen Beinchen oder Ärmchen nach hinten zu drehen. Es ist der reinste Terror. Sie beginnt mich zu hassen. Was soll ich nur tun?« Heike sieht mich verzweifelt an.

»Sollen wir uns die Aufgabe teilen? Du machst mit Mara nur noch das, was ihr Spaß macht. Die Quälerei überläßt du mir.«

»Dir? Hast du denn eine Ahnung von Krankengymnastik?«

»Ich habe einen Kursus absolviert«, sage ich stolz. »Ich habe gelernt, wie Muskeln gestärkt, entspannt, gehorsam gemacht, wie Bewegungsabläufe koordiniert werden können. Willst du mir Mara anvertrauen? Ich bin nicht ihre direkte Bezugsperson. Da kann kein Vertrauensverhältnis gestört werden oder kaputt gehen. Sollen wir es probieren?«

Der Versuch gelingt. Manchmal weint Mara, wenn ich komme und sie zu Dingen zwinge, die sie nicht mag und für deren Notwendigkeit ihr das Verständnis fehlt. Manchmal schaut sie mich tief traurig, manchmal auch ganz böse an. Manchmal habe ich Mühe, ihre Abwehr zu durchbrechen und manchmal lacht sie mich an. Unser Verhältnis ist anders als das von Mutter und Kind. Manchmal hole ich Sophie dazu. Sie macht lachend und freiwillig vor, was Mara mühsam erlernen muß. Die kleine Vorturnerin ist der beste Animateur für die große Schwester. Ein Glück, daß es sie gibt.

Es ist ein schöner Sommertag. Wie vor einem Jahr. In der Fußgängerzone wimmeln die Menschen umeinander wie die Ameisen. Ich sitze im Planquadrat des Eiscafés. Neben mir lacht Mara ihr kehliges Lachen.

»Welch ein fröhliches Kind. Ihr Enkelchen?« Ich nicke stolz. »Meines ist vor zwei Wochen gestorben.« Meine Tischnachbarin wischt verstohlen über die Augen. Mara patscht mit ihren Händchen auf den Tisch und zeigt auf das Eis.

»Eis«, sagt sie. »Ma Eis.«

Ich füttere sie und sie strahlt. Dann lacht sie wieder und streckt der ankommenden Heike fröhlich die Hände entgegen. Neben ihr trippelt die Eis leckende Sophie. »Da«, sagt sie und hält ihrer

Schwester ungeniert das Hörnchen hin. Mara lacht und leckt. Ihr Lachen steckt an, schwingt zu den Mundwinkeln der traurigen Tischnachbarin, setzt sich als Lächeln in Heikes Augen fest.

Mara ist eine kleine Zauberin. Sie baut wortlos Brücken und bringt Menschen einander näher. Auch Heike und mich. Norddeutsche Gründlichkeit und rheinische Impulisivität haben Versöhnung gefeiert. Jetzt ist es mein Sohn, der mir Kummer macht. Er leidet mehr unter Maras Behinderung als er zugeben will. Fühlt sich gegenüber Kollegen mit gesunden Kindern gehemmt, verantwortlich für dieses »Malheur«.

Nein, es ist keine heile Welt, in der ich lebe. Ein behindertes Kind zu fördern ist schwer, belastend, mit Rückschlägen behaftet. Aber auch beglückend, verbindend, Nähe gebend.

»Ohne Mara wären wir uns wohl immer fremd geblieben und ich hätte nie entdeckt, wie herzlich du bist«, lächelt Heike, als wir Maras vierten Geburtstag feiern. »Du hast mir geholfen, Mara so anzunehmen, wie sie ist. Es war ein mühsamer Weg zu der Erkenntnis, daß nicht meine Tochter, sondern ich mit meinen Ängsten und Vorurteilen die Behinderte war.«

Mein Sohn schaut stumm in sein Weinglas. Er steht noch am Anfang dieses Weges. Aus Gesprächen mit Müttern behinderter Kinder weiß ich, daß manche Väter ihn nie betreten, Umwege suchen oder flüchten.

»Papa«, sagt Mara. Zum ersten Mal. Das Glas in Rolfs Hand zittert. Wein schwappt über den Rand.

»Papa«, wiederholt Mara, lächelt ihn an und krabbelt auf ihn zu. Er stellt das Weinglas auf den Tisch, hebt sie auf und drückt sie an sich. Stellt sie auf die Füßchen, hält ihre Fingerchen. Unsicher bewegt Mara ihre Beinchen. Tastet sich vor. Rechter Fuß, linker Fuß, rechter Fuß, linker Fuß. Langsam und mühsam. Aber es gelingt. Erste Schritte von Vater und Kind auf einem gemeinsamen Weg?

MARGARETE: DAS GROSSELE

In Bremen geboren, in Krefeld studiert, in Stuttgart gearbeitet und am Fuß der Zugspitze hängen geblieben. So der geografische Kurzdurchlauf meines Lebens, das seit 33 Jahren in Grainau sein Zuhause hat. Die ersten Stationen habe ich fast vergessen über dem Glück, das Toni heißt und mir während eines Kurzurlaubs begegnete. Toni ist im Sommer Bergsteiger und im Winter Skilehrer und außerdem mein Mann. Ich lernte ihn kennen, als ich vergeblich versuchte, einem talabwärts sausenden Ski hinterher zu hecheln. Toni hielt den Ausreißer auf und mich seitdem fest. Damals war ich 24, gertenschlank, Jung-Ingenieurin bei einer schwäbischen Firma und auf Wochenendtrip in Garmisch. Jetzt bin ich 58, eine rundliche Großmutter von vierjährigen Zwillingen, die mich liebevoll »Großele« nennen, und von meiner langjährigen Fremdenpension gerade frisch geschieden.

Ernsthaft gesprochen: Ich habe mein Lebenswerk vor einem Jahr an meine Tochter Julia übertragen. Mit Schenkungsvertrag und der Hoffnung, das Richtige getan zu haben. Danach lebte ich mit meinem Toni neun Monate in einer Baustelle, denn Julia hatte beschlossen, die Fremdenzimmer in Ferienwohnungen umzuwandeln. Weil es für die Gäste zeitgemäßer und sie selbst zeitsparender ist. Aber bevor jener Sparfaktor in Aktion treten konnte, wurde die Ausgabenseite stark belastet. Denn wir alle, die junge Familie mit ihren beiden Kindern und die Großeltern, also Toni und ich, taten einen weiteren Schritt von dem wir nicht wissen, aber hoffen, daß er der Richtige ist. Wir bauten nicht nur um, sondern auch aus. Konkret: Das neue Haus ist so groß geplant, daß außer drei Ferienwohnungen auch wir Großeltern und die junge Familie unter einem Dach, aber in separaten Wohnungen ihr Zuhause haben. Wir, die Älteren und totalen Deppen (so die liebevolle Charakterisierung unserer Freunde), sind die Finanziers, Julia die Vorweg-Erbin und ihr Mann Bert Hallein der Planer vom Dienst mit Ideen so farbig und heiter wie ein Gemälde von Chagall und ebenso teuer. Während mein Mann und ich, die Bremer Margarete, aus der eine fast-bayrische Gretel wurde, den Um-, Aus-, An- und Weiterbau beaufsichtigten, gaben uns die Zwillinge einen Vorschuß auf die Zukunft. Im zukünftigen Schlafzimmer bauten sie Sandburgen. Im Wohnzimmer türmten sie Ytongsteine zu einem Kachelofen, der dann mit Gepolter umkippte. In der Küche knabberte Haserl am Löwenzahn und im Bad tauften sie mit großem Geplantsche den jüngst erworbenen Hamster auf den Namen Mausi. Mausi ist ein Männchen und wird uns noch öfter beschäftigen.

Aber zuvor muß ich meine Enkelinnen vorstellen: Monika, genannt Moni, ist das vier Minuten ältere Zwillingsmädchen und die Ruhigere, Besinnlichere, Sorgsamere. Maria, genannt Mariele ist ein quirliger Heuschreck. Aber wenn die beiden still und stumm Zwilling spielen, sind sie schwer zu unterscheiden. Monis Haar ist eine Schattierung dunkler als das norddeutsch Blonde von Mariele. Dafür hat Letztere winzige Sommersprossen auf der Nase, und ihre grauen Augen schimmern ins Grünliche. Im Wesen sind beide total unterschiedlich, aber als Duo eine Einheit auf vier schnellen Beinen. Vor vier Wochen sind diese vier Beine samt der zugehörigen Eltern aus ihrer Mietwohnung in Partenkirchen ins Grainauer Haus gezogen, das nur noch zu einem Drittel das Unsere ist. In einem Monat kommen die ersten Urlauber. Es sind dann nicht mehr meine, es sind Julias Gäste, und daran muß ich mich erst gewöhnen. Denn 30 Jahre Gastgeberin für Erholung suchende Menschen zu sein, das ist eine lange, prägende Zeit.

Als ich damals meinen Toni heiratete, bedeutete das nicht nur den Abschied von meinem erlernten Beruf. Ich übernahm drei Jahre später die Fremdenpension seiner Mutter in eigene Regie, und aus der Ingenieurin wurde eine Vermieterin. Jetzt habe ich diese Aufgabe an Julia übertragen. Ein Schritt, dem reifliche Überlegungen und viele Gespräche vorangegangen sind. Eine der Kernfragen: Geht das gut, alt und jung unter einem Dach? Wir haben lange da-rüber diskutiert und theoretisiert. Jetzt müssen wir abwarten, ob die Praxis unseren guten Vorsätzen standhält. Wir wollen, so haben das junge und das alte Ehepaar geplant, unsere getrennte Lebensführung beibehalten. Eine gemeinsame Haustür und eine interne Telefonverbindung, aber zwei abgeschlossene Etagen, zwei Namensschildchen, zwei Klingeln, zwei Haushalte, zwei Generationen, die sich nicht gegenseitig in die Suppenschüssel und auch nicht ins Portemonnaie gucken wollen. Das »Landhaus Gretel« gehört der Vergangenheit an. Die Zukunft heißt »Ferienwohnungen Julia Hallein«.

Es ist ein sonniger Wintermorgen. Ich genieße die frühen Morgenstunden, wenn mein Toni mit seinem Skikurs unterwegs ist und die Zeitung mir allein gehört. Auf der Terrasse zanken sich die Spatzen um die Semmelkrümel und im Vogelhäuschen die Meisen um die leckersten Körner. Die Raben spielen Wetterfrosch und verkünden krächzend den nächsten Schneeregen. Wenn es doch endlich richtig schneien würde, damit die Urlaubsgäste auch sehen, wofür sie ihr Geld ausgeben. Als Wirtin kenne ich die mißmutige Stimmung, wenn das Wetter nicht den Erwartungen entspricht und die Beschwerden sprießen wie die nicht vorhandene Sonne oder der Schnee, der seinen Namen nicht verdient. Aber, so denke ich froh, das alles braucht mich nicht mehr zu belasten. Ich habe die Verantwortung abgegeben und auf jüngere Schultern gelegt. Ich freue mich auf das Ende des Winters. Denn dann wird Toni seinen Job als Skilehrer aufgeben und auch im Sommer nur noch ein Ab-und-Zu-Bergsteiger sein. Dann sind wir zwei Rentner wie aus den Werbespots. Rüstig, mit toll aussehenden falschen Zähnen und einer gerade kassierten Lebensversicherung, die wir konsumfreundlich in Reisen, Kleidung und Drei-Sterne-Menüs investieren. Irrtum, meine Herren Werbestrategen. Rüstig sind wir noch. Aber wir beißen mit unseren eigenen krummen und vergilbten Zähnen kräftig zu, und die Lebensversicherung steckt im Umbau und sichert die Existenz unserer Tochter. Ihr Mann Bert arbeitet als Meister in einem Elektrofachgeschäft und keiner weiß, was die Zukunft dort bringt.

Es klingelt. Ich habe die Wahl zwischen Telefon, Haustür oder Korridortür, denn mein Ohr hat noch nicht den Klangunterschied im Ohr. Es ist die Korridorklingel, und vor der Tür steht – aha, keine Sommersprossen auf der Nase – Zwilling Moni.

»Grüß Gott, Großele. Schau mal.«

In Monis Hand maunzt ein samtschwarzes Bündel mit winzigen weißen Öhrchen.

»Das ist Bastian und ich muß ihn behalten.«

»Aber Kind, du weißt doch, daß Mutti keine Tiere im Haus haben will. Wo hast du das Kätzchen denn her?«

Moni schiebt sich ins Zimmer und hockt sich mit ihrem Knäuel krabbelnder Wolle auf den Boden.

»Der Bastian ist ein Kind von Maxl, der gar kein Kater sondern eine Katze ist. Ich habe ihn in Maxi umgetauft. Maxi hat sechs Junge und Onkel Fritz war gerade dabei, sie alle« – empörtes Schluchzen – »sie alle zu ersaufen, nein zu ersäufen. Großele, das darf er doch nicht. Onkel Fritz kann doch der Mutter nicht die Kinder wegnehmen und totmachen. Da habe ich mir Bastian gepackt und« – erneutes Schluchzen – »und nun mußt du der Mutti beibringen, daß der Bastl bei uns bleibt. Da.«

Moni legt mir das Bündel Unglück in den Schoß. Ein winziges weißes Pfötchen schält sich aus dem schwarzen Fell und legt sich werbend und wärmend auf meine Hand. Ende einer Diskussion, die noch gar nicht begonnen hat. Denn ich habe nicht die Kraft, diesen bittenden Kinderaugen die Vernunft des Erwachsenen entgegenzusetzen. Zumal ich dreißig Jahre mit dem Besitz einer Katze geliebäugelt, sie aber aus Vermietergründen nicht hatte halten dürfen. Jetzt bin ich im Ruhestand und Monis Bitte die erste im neuen Heim.

»Mutti wird schimpfen«, melde ich trotzdem meine Bedenken an.

»Du kannst doch sagen, bittebittebitte, es ist deine Katze und sie wohnt hier bei dir.«

»Es ist aber deine Katze. Du willst sie haben und damit trägst du auch die Verantwortung für das Tierchen. Es wäre feige von dir, dem auszuweichen.«

Moni, der sorgsame Zwilling mit dem Instinkt für alles Schwache, nickt.

»Ich hole Mutti nach unten.«

Mit Mutti erscheint auch Zwilling Nummero Zwo. Staunende Augen über sich krausenden Sommersprossen. Dann ein Aufschrei:

»Ein Katzerl! Großele, wo hast du es her? Ist es deines? Gib mal her.«

Schützend lege ich meine Hand über das Tierchen. Schaue bittend zu meiner Tochter.

»Es gehört Moni. Sie hat es vor dem Ertränken gerettet und möchte es behalten.«

»Er heißt Bastl und ich will auch auf ihn aufpassen und ihn füttern und für ihn sorgen und ihn kämmen und ihn saubermachen und ...«

»Ich möchte ihn auch behalten, sage ich leise.« – »Und ich auch«, kräht Mariele.

Julia nickt ergeben. Und so wird Bastian der erste neue Hausgenosse.

Seit vier Jahren bin ich Großmutter auf Fünf-Kilometer-Distanz. Jetzt bin ich das Großele hautnah. Das ist ungewohnt, aber unbeschreiblich schön. Und außerdem ein Balanceakt zwischen Gefühl und Verstand. Denn die Zwillinge nutzen, getrennt oder vereint, die untere Etage als Bittstellerin für die obere Etage. Oder anders gesagt: Was sie bei den Eltern nicht erreichen, versuchen sie über den Umweg der Großeltern und vor allen Dingen der Großmutter durchzusetzen. Bastian war nur der Anfang. Zur Zeit gibt es heiße Diskussionen ums Skifahren. Bis vor wenigen Tagen war das Thema für mich reine Theorie, denn seit mehr als zehn Jahren stehen meine Skier ungenutzt in der hintersten Ecke des Skistalls. »Meine Arbeit als Vermieterin läßt mir keinen Freiraum für den Wintersport«, sagte ich immer mit überzeugenden Augenaufschlag, wenn Toni meine ehemaligen sportlichen Ambitionen reaktivieren wollte. In Wirklichkeit bin ich zu bequem geworden. Die Bequemlichkeit hat zugenommen, aber das Vermieterargument zieht nicht mehr. »Ertappt und verurteilt«, schmunzelt Toni. Aber wenn mein durchtrainierter Mann meinte, seine kompakt gewordene norddeutsche Margarete auf die Latten zu kriegen, dann irrte er. Es war Mariele, die ihr Großele wieder auf die Piste brachte. Ein Erfolg durchs Hintertürchen, denn natürlich hatte Zwilling Zwo seinen eigenen Vorteil im Kopf.

Die Idee ist reine Männersache. Vater, Großvater und der Trainer der Ski-Fördergruppe liegen Julia seit vergangenem Winter in den Ohren, Mariele am Training teilnehmen zu lassen. Der Heuschreck auf zwei Beinen sei im Skifahren noch viel quirliger und ein echtes Talent, mit dessen Förderung gar nicht früh genug begonnen werden könne, so argumentieren sie. Julia ist eine sorgsame Mutter, eine Glucke, die ihre Kinder am liebsten immer unter ihren Flügeln behalten würde. Manchmal übertreibt sie ihre Fürsorge, aber in dem Fall gab ich meiner Tochter recht. Mariele war wirklich noch zu jung.

»Aber jetzt ist sie vier und das Gequengele geht von vorne los«, klagt Julia und gießt die zweite Tasse Kaffee genußlos in sich hinein. Wir sitzen bei mir im Wohnzimmer und wollen eigentlich nur mit Muße die ruhige Zeit vor dem Ansturm der Gäste genießen.

Vor den Fenstern türmt sich der Dezemberschnee und legt die Grundlage für einen guten Skiwinter. Der Kachelofen zeigt, was mollige Wärme ist. Aber mit der Diskussion um Marieles Teilnahme am Förderkurs weht es kühl durchs Zimmer.

»Was kann dem Kind alles passieren! Und jedes Wochenende unterwegs. Und mit anderen Kindern zusammen, deren Charakter ich nicht kenne. Mariele wird mir entfremdet. Nein, ich will nicht«, so argumentiert meine Tochter.

»Was will denn Mariele«, frage ich sanft.

»Na, was meinst? Die ist natürlich von ihrem Vater angesteckt und heult sich durch die Tage, weil ich nicht zustimmen will.«

»Ist sie denn wirklich so begabt?«

»Das kann ich nicht beurteilen. Aber im Gegensatz zu Moni powert sie sich durch den Schnee und fährt viel riskanter. Bert sagt, sie hat Mut. Ich sage, das ist Übermut.«

»Aber wäre es nicht besser, dieser Übermut würde durch einen vernünftigen Trainer in richtige Bahnen gelenkt? Ist es nicht nur deine übergroße Angst, die deine Ablehnung beeinflußt?"

Volltreffer. Julia ist gekränkt. Sie zieht sich in ihre Wohnung zurück. Eine Stunde später klingelt es Sturm. Zwilling Zwo mit den Sommersprossen steht fauchend vor der Tür.

»Großele, du mußt mir helfen.«

Das kommt davon, wenn man unter einem Dach wohnt. So schnell und nah war ich früher nicht greifbar. Keine Zeit zum Nachdenken. Ich werde mit Argumenten, Ängsten, Bitten und Tränen überrollt. Wie soll eine Großmutter da neutral entscheiden können?

»Großele, du bist doch viel älter und weiser als Mutti.«

Ei gucke da. Soviel beachtliche Schläue aus Kindermund. Ich bin gespannt auf die weitere Argumentation.

»Beim letzten Skirennen vom Kindergarten habe ich den ersten Preis gewonnen. Gestern war ich die Zweitschnellste beim Training in der Fördergruppe.«

»Wieso trainierst du mit der Fördergruppe?«

»Das war nur zur Probe. Weil ich so sehr gebettelt habe. Außerdem wollte ich zeigen, daß ich keine Angst habe. Du mußt mal mit auf die Piste. Nicht hier unten am Auslauf. Du mußt mit auf den Wank. Da ist es schön sonnig. Morgen ziehst du deine Ski an und kommst mit, ja? Dann kannst du dich überzeugen, daß ich in die Fördergruppe gehöre. Komm Großele, wir holen deine Skier aus dem Stall, damit Opa sie präparieren kann.«

Der Opa grinst, als er uns im Skistall entdeckt. »Gretele probt das Jungsein«, neckt er und treibt mir mit seinem Augenzwinkern die Verlegenheitsröte ins Gesicht. »Das hast du gut gemacht«, lobt er dann den freudig hüpfenden Heuschreck und macht sich mit gerunzelter Stirn ans Wachsen und Kantenschleifen. Jaja, ich weiß. Uraltes Skimodell für uralte Oma. Da paßt zusammen, was mir gar nicht paßt.

Der nächste Tag verwöhnt uns mit Sonne. Aber sie nimmt mir nicht meinen riesengroßen Bammel. Er fährt mir in die Beine und macht sie steif. Er bremst meinen Hüftschwung und lähmt meine Knie. Er sitzt im Kopf und macht die einstmals flotte Biene zur lahmen Ente.

»Gretele, du brauchst einen Obstler«, frotzelt mein Mann in Erinnerung an Jugendzeiten. Es ist ein ungleiches Quartett, das auf dem Wank zum Testlaufen angetreten ist. Mariele macht auf Schau und saust mit Juchhu talwärts. Moni, die Sorgliche, gibt mir gute Ratschläge:

»Aufkanten, Bergski belasten, in die Knie gehen ...«

»Ja mei, dös macht man so«, schreit mein Mann, gibt mir einen Klaps auf den Po und einen Schubs in den Rücken ... und dann wissen meine Beine plötzlich wieder, was Parallelschwung ist und schwingen mich talwärts. Dann mit dem Lift wieder empor und erneut abwärts. Eine Kreislauf mit runter-rauf, runter-rauf. Ich werde wieder jung, freue mich an meinen geschmeidiger werdenden Bewegungen, an dem Pulverschnee unter den Skiern und dem Wind im Gesicht.

»Warum bist du denn so lange nicht mehr Ski gefahren, du kannst es doch prima«, lobt Moni.

»Warum stehst du denn so steif auf den Brettern und bremst vor jedem Buckel?«, kritisiert Mariele.

So sind sie, die beiden Mädchen mit der totalen Ähnlichkeit im Gesicht und dem Gegensatz im Wesen. Dieser Kontrast prägt auch ihr Skifahren. Moni ist biegsam, aber bedächtig, schnell, aber mit Überlegung. Mariele ist wendig, forsch, furchtlos, ehrgeizig, spritzig. Gute Eigenschaften, um es einer Rosi Mittermeier nachzutun. Ich verstehe den Wunsch von Vater und Trainer, ein Talent zu fördern, um eine Spitzensportlerin zu formen ... oder zu züchten?

Am Abend, als ich meinen beginnenden Muskelkater massiere, fragt Julia per Haustelefon nach meiner Meinung. Ich vertage sie auf den nächsten Tag und genieße dankbar den Kuß meines Toni, der sich Mariele geschnappt hat und ihr (voreilig, wie ich anmerke) die Teilnahme am Förderkurs verspricht, weil sie seine Margarete aus dem Skifahrer-Dornröschenschlaf wachgerüttelt hat.

Eigentlich tauge ich nicht als Schiedsrichter, weil ich irgendwie immer parteiisch bin. Diesmal riskiere ich die rote Karte und schlage mich auf Marieles Seite. »Erlaube ihr den Förderkurs«, rate ich meiner Tochter. »Ermögliche ihr eine eigenständige Entscheidung. Vielleicht hat sie im nächsten Jahr die Nase voll und will gar nicht mehr. Dann hast du ihrer Opposition die Spitze abgebrochen und für zukünftige Problemfälle an Boden gewonnen. Außerdem tut es dir gut, deine eigene Angst zu besiegen. Du kannst deine Kinder nicht behütend im Nest behalten. Du mußt sie flugtüchtig machen fürs Leben. (Jetzt nehme ich die Zukunft vorweg: Mariele hatte tatsächlich nach drei Wintermonaten die Nase voll vom frühen Aufstehen, der fehlenden Freizeit und den strengen Trainingsregeln. Der Heuschreck wollte nach eigenem Gusto hüpfen und kehrte, zumindest vorerst, zufrieden ins Familiennest zurück.)

»Großele, du brauchst ein Handy«, sagt Moni.

»Was brauche ich?«

»Ein Handy. Ein Mobiltelefon«, sagt Mariele.

»Wieso wißt ihr, was das ist?«

»Aber Großmutter! Papa hat doch eins und Onkel Fritz und die Eltern von Carina und Madeleine und überhaupt, das gehört zum Leben.«

So die zwei vierjährigen IT-Experten, die damit ihrer Großmutter klarmachen, daß sie nicht nur im vorigen Jahrhundert geboren ist, sondern auch im Gestern lebt.

»Ich brauche kein Handy. Ich habe ein normales Telefon und eine Telefonkarte um Verbindung zu halten und Opa und euch zum Aufpassen.«

»Aber wenn du mal allein auf der Piste bist und dir passiert was?« Ein graues und ein grau-grünes Augenpaar zeigen Besorgnis.

»Sollte ich einmal ganz allein unterwegs sein wollen, dann borge ich mir das Handy von eurer Mutter.«

Das doppelte »Schade« läßt mich aufhorchen. War die Besorgnis nur Tarnung für eigene Wünsche? Aber was wollten zwei vierjährige Analphabeten mit einem Mobiltelefon? Ich frage Julia. Die lacht.

»Mutter, laß dich nicht auf den Arm nehmen. Die Zwillinge versuchen auf alle erdenkliche Art, an ein Handy zu kommen. Sie können nicht damit umgehen, aber sie finden es schick, mit so einem Ding am Ohr herumzulaufen.

Ein paar Tage später erwische ich Moni mit dem geheimnisvollen schwarzen Kästchen am Ohr.

»Moni! Wo hast du das Handy her? Mit wem um Himmels Willen telefonierst du?«

»Psst, nicht stören, ich spreche mit dem lieben Gott.«

Kann man den jetzt auch schon per Netz erreichen? »Verrätst du mir die Nummer«, frage ich vorsichtig.

»Dafür braucht man keine Telefonnummer. Der ist überall erreichbar und hört zu.«

»Und warum brauchst du dann ein Handy?«

»Aber Großele, der liebe Gott muß doch sehen, daß ich mit ihm spreche.«

»Und woher hast du das Handy?«

»Das ist kaputt. Onkel Fritz hat es mir geschenkt.«

Ende des Dialogs.

Wir beide, das alte und das junge Ehepaar, wir halten uns an die Abmachung, die Selbständigkeit des jeweils anderen zu achten. Die Zwillinge sehen das anders. Sie überspringen die Trennungslinie so unbeschwert und behende wie die Treppenstufen zwischen oben und unten. Sie sind wie der Bastl, der weiß, das seine Schlafstatt am Kachelofen in der ersten Etage ist und er sich im Parterre von den Großeltern verwöhnen läßt. Wir genießen die Nähe und Zuneigung der Zwillinge und freuen uns an der richtigen Entscheidung, obwohl die Doppelung von Feriengästen und Zwillingen kuriose Situationen sprießen läßt. Zum Beispiel die Sache mit den Skiern.

Erregte Kinderstimmen aus dem Skistall signalisieren Krach, den ich zu überhören versuche. Aber als der Streit in Geheul übergeht, ist es vorbei mit meiner Ruhe. Ich gehe in den Skistall und sehe wie ein Zwilling – welcher, ist nicht auszumachen – mit seinen kleinen Fäusten auf einen etwa doppelt so alten Jungen losboxt. David gegen Goliath, denke ich innerlich lachend. Aber ich setze eine pädagogisch strenge Miene auf und frage nach der Ursache des Streits.

»Der Junge da, der hat meine neuen Skier zerkratzt. Er hat sie auf die Erde geworfen und darauf herumgetrampelt. Er hat die ganzen Kanten kaputtgemacht, und dabei ist doch morgen Wettkampf.« David wollte wieder auf den ganz verdutzt dastehenden Goliath losgehen.

»Ich habe doch bloß meine Skier wegnehmen wollen, und da sind die Bretter von dem kleinen Mädchen aus der Halterung gerutscht und meine sind dann draufgefallen. Aber sie haben nichts zerkratzt. Ehrlich.«

Goliath hat zweifach recht. Als Urlaubsgast sowieso und außerdem ist überhaupt nichts passiert. Vom Krach angelockt erscheint der zweite David in der Tür und schließt sein Ebenbild schützend in die Arme.

»Cool, das doppelte Lottchen«, staunt Goliath und grinst versöhnlich.

Gemeinsam besehen wir uns den nicht vorhandenen Schaden.

»Wie wär's mit einer Entschuldigung, das tut man doch, wenn man unfair war«, mahne ich. David Zwo bockt.

»Los, Mariele, Großele hat recht«, redet auch Moni ihrem Zwilling zu.

Der überlegt einen Moment, besieht sich noch einmal seine Skier, die der Junge wieder sorgsam in die Halterung gestellt hat, kraust seine Sommersprossen und meint lässig: »Du bist ja fremd im Haus. Tschuldigung. Dafür darfst du morgen beim Kinderskirennen am Kreuzeck zugucken, wenn ich gewinne.«

Die Werbestrategie geht auf. Goliath drückt die Daumen und David gewinnt.

Der Zoo im Haus Hallein ist sehenswert: Bastian, von dem noch niemand weiß, ob er vielleicht eine Bastienne ist, das mümmelnde Haserl, Meerschweinchen Schnuppi und Hamster Mausi, ein begabter Ausbrecher. Er verabscheut Käfighaltung und nimmt Reißaus, wann immer sich die Gelegenheit dazu bietet. Meistens, wenn Moni in Mausis Drahtverhau Hausputz hält. Dafür transportiert sie die Hamstervilla in die Waschküche, was Mausi bereits zu etlichen Freigängen inspiriert hat. Denn dreimal Wehe, wenn das Käfigdach nicht richtig verankert ist. Aber der kleine Ausreißer kommt nie weit, weil Moni, die Sorgsame, stets Waschküchentür, Waschmaschinenbullauge und sonstige Fluchtwege verschlossen hält. Bis auf das eine Mal, als Ferienkind Peggy sich als Putzhilfe anbietet. Moni und Peggy säubern die Hamstervilla, spielen mit Mausi ... und dann ist sie weg. Futsch, unsichtbar, wie weggezaubert. An der

Suche beteiligen sich nach und nach sämtliche Hausbewohner. Mausi bleibt verschollen. Moni beschuldigt Peggy, Peggy beschuldigt Moni, ein wüstes Wechselspiel, das auch noch Peggys Eltern auf den Plan ruft und ahnen lässt, daß sie das erste und letzte Mal im Ferienhaus Hallein ihre Tage verbringen. Moni sieht Mausi verirrt, verunfallt, verhungert, mausetot und weint sich in den Schlaf.

Es ist Nacht. Ich bin wach und unruhig, weil es irgendwo krabbelt. Eine Maus? Aber die hätte im Revier unseres Bastian eigentlich keine Überlebenschance. Ob etwa Mausi auf ihrem Ausflug in unserem Schlafzimmer räsonieren will? Ich wecke Toni. Jetzt horchen vier Ohren. Hinter dem Kleiderschrank? Im Kleiderschrank? Neben dem Kleiderschrank? Auf dem Kleiderschrank? Die nächtliche Hamsterrallye wird zum stressigen Suchspiel. Toni leuchtet mit der Taschenlampe in die finsteren Hintergründe des großen Schrankes, fördert ein paar Staubflocken ans Licht und – »Verdammt, dieses kleine Biest beißt ja!« – hält den Ausreißer triumphierend am Fell ins Lampenlicht. Ende einer Flucht.

Anmerkung: Als ich etliche Wochen später meinen schwarzen Wintermantel aus Anlaß einer Beerdigung aus dem Kleiderschrank nehme, sehen meine staunenden Augen auf einen zerfetzten Pelzkragen. Schlagzeile: Mausi hamstert Persianer. Kommentar von Moni: Tiere halten eben zusammen.

Das kurze Spotlight auf ein paar Monate meines gegenwärtigen Lebens mag wie ein Stück heile Welt erscheinen. Ich sehe das so: Mein Leben gleicht zur Zeit einer kostbaren Schale, die gefüllt ist mit Werten wie gegenseitiger Achtung, Nähe, Wärme, Freude und Humor. Die Zeitschale ist ein zerbrechliches Gefäß, der Inhalt will behutsam behandelt sein. Trotz sorgsamer Pflege ist seine Haltbarkeit begrenzt. Es ist eine Zeit zwischen der Zeit, ein Geschenk, dessen Grundlage abgeben, sich trennen können, Verzicht auf materielle Werte heißt und weswegen Freunde uns totale Deppen genannt haben.

ANNEMARIE: INTERMEZZO

Gestern habe ich einen Traum begraben. Er heißt Matthias, hat rotblonde Haare und ganz viele Sommersprossen. Fünfzehn Monate war er mein Kind. Ab heute ist er das, was er eigentlich von Anfang an sein sollte: mein Enkel. Meine Tochter hat ihn zu sich nach Colmar geholt. Ohne Vorwarnung, nur mit der Spur einer Ankündigung, ohne Zeit zum Abschied nehmen. Sie klingelte, stand im Wohnzimmer, sagte Bonjour, Mathieu, wieselte durch das Kinderzimmer, packte das nach ihrer Meinung Notwendigste in einen mitgebrachten Koffer, lächelte über meine Fassungslosigkeit und sagte heiter:

»Bevor wir abreisen, könntest du noch einen Kaffee kochen. Kuchen habe ich mitgebracht.«

So ist sie, meine Tochter Hanna. Forsch, unkompliziert, praktisch, zupackend und total unsentimental.

»Ich hasse langes Abschiednehmen«, sagte sie gestern. »Ich weiß, daß du dich grämst. Deshalb will ich es so kurz wie möglich machen. Du hast ja immer gewußt, daß ich Matthias eines Tages zu mir holen würde. Der Tag ist da. Danke für deine Hilfe. Ohne dich würde mein Sohn nicht leben.«

Beim Kaffeetrinken erfuhr ich dann Näheres: Ihr Freund René, von dem sie mir bisher nur in kargen Sätzen berichtet hatte, Kunsthistoriker wie sie selbst und am gleichen Museum als Kustos tätig, hatte Heiratspläne geäußert. »Tatsächlich hat er mir einen richtigen Antrag gemacht. Ganz im Stil der guten alten Zeit mit Blumen und Ring. Da, guck mal, hat er sich nicht in Unkosten gestürzt?«

An Hannas Ringfinger blitzte es hochkarätig.

»Echt?« fragte ich beeindruckt.

»Naturellement. Sein Vater ist Weingutsbesitzer im Elsaß. Uralte Familie. René hat mich ihr vorgestellt. Jetzt fehlt nur noch Mathieu. Wenn er und sein zukünftiger Vater sich verstehen, wird bald geheiratet. Als Testphase haben wir zwei Monate angesetzt.

Bis dahin muß René sich entscheiden, ob er in den Winzerbetrieb seines Vaters einsteigt. Der ältere Bruder ist tödlich verunglückt. Deshalb eilt es mit der Nachfolgeregelung. Wenn alles so läuft, wie wir es planen, wird Matthias auf dem Land aufwachsen, mit Tieren und in gesunder Luft.«

Ich sah aus dem Fenster. Draußen puffte die immerwährende Autoschlange ihren schädlichen Atem in die Lungen der Fußgänger und in mein Wohnzimmer. Verkehrslärm und Abgase gehören zu meinem Leben wie der Blick auf die Mosel aus dem Küchenfenster und der Anblick der St.-Matthias-Basilika vom Ostbalkon aus. Das Mietshaus, in dem ich seit mehr als zwei Jahrzehnten wohne und in dem Hanna groß geworden ist, liegt als Eckhaus an zwei der verkehrsreichsten Straßen im Süden von Trier. Als Hanna nach dem Abitur auszog, um in Aachen Kunstgeschichte zu studieren, verlegte ich mein Schlafzimmer in das ruhiger gelegene Kinderzimmer, ohne zu ahnen, daß es wenige Jahre später wieder zu dem wurde, was es vom Ursprung her war: Kinderzimmer und Nest für Matthias, meinen Enkel, der fünfzehn Monate mein Kind war.

Meine Tochter hatte gerade ihr Studium beendet und war auf Stellensuche, als sie mich mit der Nachricht überraschte:

»Ich bin im zweiten Monat schwanger. Volker, mit dem ich seit zwei Jahren liiert bin, verlangt die Abtreibung.«

Ich biß auf die Zähne, um eine vorschnelle Äußerung zu verhindern.

»Mutter? Hast du mir zugehört? Was sagst du dazu?«

Ich holte tief Luft. »Es ist schlechter Stil, am Telefon über das Leben eines Menschen zu verhandeln. Komm nach hier und sage mir Auge in Auge, was du vorhast.«

Die 24 Stunden bis zu ihrer Ankunft waren ein Gemenge von Erinnerungen und Angst. Mein Mann starb mit 30 Jahren an den Folgen einer Blinddarmentzündung. Einer Obduktion stimmte ich damals nicht zu, was ich bis heute bedauere. Mit der einjährigen Hanna zog ich in die mausgraue Sozialwohnung und lebte lange Jahre von der Sozialhilfe. Diese Zeit nutzte ich zur Weiterbildung. Mit guten Englisch- und Französischkenntnissen ausgestattet und mit viel Hintergrundwissen über die Historie von Trier bewarb ich mich als Fremdenführerin und bin seit zehn Jahren in diesem Metier tätig. Unser bescheidenes Leben prägte den Charakter meiner Tochter. Ohne Träume und Illusionen, aber gesegnet mit einem unschlagbaren Humor und der vom Vater geerbten Fähigkeit, praktisch zu denken und zu handeln, nahm sie das Leben nüchtern, wie es sich ihr bot. Würde sie jetzt ebenso nüchtern über das werdende Leben entscheiden?

Ich hatte weder Hannas Lieblingskuchen gebacken noch eine Flasche Wein kalt gestellt. Ich war unfähig, zu handeln und vor banger Erwartung wie erstarrt. Wie würde Hanna sich entscheiden. Wozu sollte ich ihr raten?

»Ja, ich möchte wissen, wie du über die Sache denkst«, sagte sie und rührte unaufhörlich in ihrer Kaffeetasse den nicht vorhandenen Zucker um und um und um.

Ich nahm ihr den Löffel aus der Hand und zwang ihren Blick in den meinen.

»Erstens: Ein Kind ist keine Sache. Zweitens: Liebst du den Vater?

»Den? Nein, nicht mehr. Aus. Am Ende.«

»Warum?«

»Er meint, die schöne Eigentumswohnung, die er gerade für uns gefunden hat, sei mehr wert als ein ungewisses Etwas in meinem Bauch."

»Hat er nicht recht?«

»Ich habe tatsächlich gezögert«, gab meine Tochter zu. »Ein Kind wirft sämtliche Zukunftspläne über den Haufen. Aber" – und jetzt blitzte Zorn in ihren Augen – „aber daß ein unschuldiges Wesen für mein Vergnügen mit dem Leben büßen soll, kann ich einfach nicht verantworten.«

»Keine Abtreibung?«

»Keine Abtreibung. Hilfst du mir, diese Entscheidung mit zu tragen?«

Ich drückte den Kopf in die Sofaecke, schloß die Augen und dachte nach: ein Kind ohne Vater. Eine Mutter ohne Einkommen. Eine Großmutter ohne nennenswerte Rente. Statt Gold, Weihrauch und Myrrhe hießen die Geschenke Zurückschrauben der eigenen Lebenspläne, Zugriff auf den gerade erworbenen bescheidenen Wohlstand und wahrscheinlich hämische Bemerkungen der Nachbarn.

Dagegen stand ein kurzer schneller Eingriff, bezahlt von der Krankenkasse, und alles war wie vorher: Freiheit, beruflicher Aufstieg, neuer Mann, neues Glück, neues Leben irgendwann ...

Unter dem Herzen meiner Tochter wuchs ein neuer Mensch. In

sieben Monaten würde mein Enkelkind zur Welt kommen. Ein Jahr später würde es Oma zu mir sagen. Eine neue Aufgabe würde mir zuwachsen.

»Mutter?« Eine Frage hing bangend im Raum.

Ich öffnete die Augen, lächelte und nickte. »Wie soll es heißen?«

Hanna zog wieder zu mir in das mausgraue Haus und nutzte die Zeit der Schwangerschaft zur Stellensuche. Je sichtbarer ihr Zustand, desto geringer wurden die Chancen, obwohl Hanna jeder Bewerbung hinzufügte, daß das Kind bei seiner Großmutter aufwachsen würde. Dem hatte ich zugestimmt. Das Kind, zu dessen Leben wir gemeinsam ja gesagt hatten, sollte seiner Mutter nicht zur Belastung werden. Ich fühlte mich mit meinen 55 Jahren noch jung und elastisch genug, einem kleinen Menschlein Mutter und zugleich Großmutter zu sein. Hanna bestand zu meinem Entsetzen auf einer Hausgeburt.

»Du bist verrückt. Keine normale Frau nimmt heutzutage das Risiko auf sich, ihr Kind zu Hause zu gebären. Deine Idee ist tiefstes Mittelalter.«

»Nein, sie ist hochmodern«, klärte mich meine Tochter auf. »Dort in dem Bett, das mir zwanzig Jahre Behausung war, soll mein Kind geboren werden. In heimischer Umgebung, ohne sterile Krankenhausatmosphäre, ohne Narkose, ohne Timing. Mein Frauenarzt hat überhaupt keine Bedenken.«

Ich wünschte das Bett ins Pfefferland und meine Tochter mit ihren Ansichten auf den Mond. Sprach von Unterwassergeburt, Rooming-in, von Soforthilfe bei Komplikationen. Aber sie setzte ihren Willen durch. Alles war geregelt. Der Geburtstermin ausgerechnet, die Hebamme bestellt. Aber mein Enkelchen hatte seinen eigenen Kopf und torpedierte den ganzen schönen Ablaufplan.

Es war der 20. Mai. Wir saßen beim Frühstück auf dem Balkon und überhörten gekonnt den Autolärm. Von der Matthiasbasilika wehte die blau-rote Fahne. Es war Pilgerzeit. In der Basilika mit dem Grab des Apostels Matthias herrschte Hochbetrieb. Fußpilgergruppen zogen betend an unserem Haus vorbei, den Blick fest auf St. Mattheis gerichtet. Manche dieser Gruppen hatten mehrere hundert Kilometer Fußmarsch hinter sich, kämpften mit Blasen und Gelenkschmerzen und waren trotzdem unendlich glücklich. Ich kannte das Bild und war immer wieder beeindruckt.

»Nachher gehe ich hinüber in den Freihof von St. Mattheis. Es ist faszinierend, den Pilgern bei ihrem Einzug zuzusehen. Sie strahlen so viel Freude ...«

»Au, was soll das?« unterbrach meine Tochter. »Schon wieder dieses Zwicken im Bauch, das mich schon diese Nacht geärgert hat. Sind das Wehen? Aber das wäre ja fünf Tage zu früh! Verflixt, das hört ja gar nicht mehr auf. Mutter, das darf doch nicht wahr sein! Schnell, hilf mir!«

Gemeinsam schafften wir es bis aufs Bett. Hanna stöhnte, hielt sich den Bauch, preßte vor Entsetzen die Beine zusammen, ich raste zum Telefon, kam zurück, ein angstvoller Schrei – und dann war das Kind da. Ein mit Blut besudeltes Bündelchen Mensch rutschte mir in die Hand.

Lieber Gott, ich war doch kein Geburtshelfer. Was tun? Wo war die Nabelschnur? Abklemmen, funkte mein Gehirn. Woher vier Hände nehmen, wenn die Natur mir nur zwei zugeteilt hat? Ich gab dem glitschigen Wesen einen Klaps auf sein Hinterteil. Drückte das brüllende Etwas meiner Tochter in den Arm und raste zur Hausapotheke. Ob eine sterile Binde als Abklemmschnur geeignet war? Und brauchte ich nicht heißes Wasser? Fetzen aus Großmutters Erzählungen huschten mir durch den Kopf, der nicht mehr wußte, wo er stand und sich wunderte, daß er trotzdem logisch denken konnte.

»Es ist ein Junge«, jubelte Hanna.

Von der Straße schallte das Gebet der Pilger ... »und gebenedeit ist die Frucht deines Leibes ...«

Die Wohnungsklingel gellte im Dauerton. Die Hebamme. Gott sei Dank.

»Nun man sachte, Großmütterchen. Keine Panik. Es ist alles in Ordnung. Jetzt bin ich ja da. Hände waschen, Badewanne besorgen, heißes Wasser, Tücher ...«

Noch nie habe ich so gern auf Anweisung gearbeitet. Hanna lag im Bett und lachte die Tonleiter rauf und runter. »Matthias hält die Frauen in Atem. Das fängt ja gut an.«

Es setzte sich auch gut fort. Der Kleine hatte goldblonde Löckchen, braune Augen und über dem rechten Auge vier winzige Sommersprossen. »Wenn ich daran denke, daß sein Vater ihn vernichten wollte, wird mir schlecht«, bemerkte Hanna, während sie das Baby stillte. Beim Standesamt gab sie an: Vater unbekannt. Und damit war das Thema Vaterschaft für sie erledigt. »Matthias ist mein Kind. Ich habe es gewollt und zahle dafür. Punktum.«

Meine Tochter war eine stolze Mutter, aber sie verbot der ebenso stolzen Großmutter, diesen Stolz auch optisch zu dokumentieren. Hanna streifte durch Second-Hand-Läden und erwarb dort Kinderwagen und Zubehör. Nicht gerade First Class, aber zweckentsprechend. »Wir heißen weder Mac Protz noch Freifrau von Güldenkraut. Sobald die Sechswochenfrist vorbei ist, gehe ich auf Stellensuche. Und daß du nicht riskierst, dein Gespartes in Kinderwäsche umzusetzen.«

Die Sturzgeburt war *das* Ereignis in unserem mausgrauen Haus. Die Nachbarn kamen mit Blumen und guten Ratschlägen. Als der Alltag sein Terrain zurückeroberte, trennte sich die Spreu vom Weizen. Letzterer hieß Annalies, war meine Nachbarin und Mutter der einjährigen Liesel. Bisher hatten wir nicht viele Gemeinsamkeiten entdeckt. Durch Matthias wurde alles anders. Während Hanna auf Stellensuche durch die Lande fuhr, schlossen die junge Mutter Annalies und die junge Großmutter Annemarie ein Zweckbündnis. Annalies betreute Klein-Matthias, wenn ich meiner Tätigkeit als Fremdenführerin nachging und ich hütete Liesel, wenn die jungen Eltern des Abends ausgehen wollten. Als Matthias sechs Monate war, erhielt meine Tochter das Angebot, in einem Museum in Colmar als Aushilfe tätig zu werden.

»Eigentlich unterbezahlt und unter meinem Ausbildungsniveau. Aber ich habe einen Fuß in der Tür und die Aussicht, den anderen nachzuziehen und dann als Kustodin angestellt zu werden. Ich möchte die Chance nutzen, aber ...«

»Unsere Abmachung gilt. Matthias bleibt hier und ich sorge für ihn.«

Ich hatte mir immer ein zweites Kind gewünscht. Im späten Alter wurde dieser Wunsch Wirklichkeit. Nicht mit der Unbekümmertheit einer jungen Mutter, sondern mit der Reife einer erfahrenen Frau beobachtete, genoß und förderte ich das Wachsen vom Säugling zum Baby und vom Baby zum Kleinkind. Wenn ich Klein-Matthias am Moselufer spazieren fuhr, riskierte ich erstaunte Blicke und die verwunderte Frage. »Ihr Kind?« Manchmal beließ ich es dabei und sonnte mich im ungläubigen Staunen. Gab es in Italien nicht Frauen, die mit 55 Jahren noch Mutter wurden? Matthias war acht Monate, als er zum ersten Mal laut und deutlich Mama zu mir sagte. Ich zuckte zusammen. Da lief etwas falsch.

»Hanna, du mußt herkommen. Wenigstens übers Wochenende. Matthias braucht dich.« So mein SOS-Ruf per Telefon.

»Wieso? Bist du krank? Bloß nicht! Ich kann jetzt hier nicht weg. Wir arbeiten mit Hochdruck an einer neuen Ausstellung. Sie ist ganz wichtig für mich und meine berufliche Zukunft.«

»Auch Matthias hat sich weiter entwickelt.«

Hanna lachte. »Wäre ja auch fatal, wenn er immer ein Säugling bleiben würde. Was hat er denn angestellt?«

»Er verwechselt die Frauen. Er sagt Mama zu mir statt zu dir, weil er dich vergessen hat. Zwei Monate sind für ein Baby eine lange Zeit."

Pause. Nachdenklichkeit huschte von Ohr zu Ohr.

Dann kam Hilfe aus dem Kinderzimmer. »Mamama.«

»Noch mal rufen«, flüsterte ich und hielt Matthias den Hörer ans Ohr.

Aber der Achtmonatsjüngling fand schnurlose Technik viel spannender als sprachliche Kommunikation.

»Was ist nun? Kommst du?« fragte ich ungeduldig. Das zögernde Nein tat weh. Wieviel Schönes verpaßte meine Tochter, was mir als Großmutter geschenkt wurde! Ich beschloß, Tagebuch zu führen.

Mit neun Monaten wiegt Matthias 8100 Gramm. Er ist ein strammer Bursche. Gestern war er es endgültig leid, nur auf der Decke herumzuliegen und das Alphabet zu üben. Krabbeln ist viel spannender. Auch für die Oma, die jetzt nicht Augen genug haben kann.

Warum haben Kinder einen so unersättlichen Hang zum Süßen? Ich muß meinen Küchenschrank umräumen, weil Matthias fündig geworden ist und die Dose mit gesammelten Zuckerstückchen entdeckt hat. Kakaopulver eignet sich übrigens hervorragend zum Malen. Zusammen mit umgeschütteter Milch entwickelte mein Enkel kartographische Talente und zeichnete den Bodensee. Mit der Insel Mainau aus zerrupften Rosenblättern.

Matthias sagt immer noch Mamama zu mir, obwohl ich das Omi dauernd mit ihm übe. Das ist deine Mama, sage ich ihm und zeige ihm ein Foto von Hanna. Aber das steckt er in den Mund und zerknabbert ihre Haare.

Schuhe heißen unbegreiflicherweise Aua-Aua. Die fast zweijährige Liesel von nebenan ist seine erste große Liebe. Er bewirft sie mit Bauklötzen und schenkt ihr abgelutschte Gummibärchen. Aber als sie mit seiner heißgeliebten Mimikatze schmusen wollte, gab es ernsthafte Differenzen, die in einem Brüllduett endeten.

Meine sprachlichen Übungsstunden haben einen umwerfenden Erfolg. Jetzt sagt er nicht mehr Mamama sondern Ominah zu mir. Ob ich es dabei belasse?

Wieder ist Pilgerzeit. Wieder ziehen Gruppen betend am Wohnzimmerfenster vorbei. Es ist fast sommerlich warm. Fast jeden Tag gehe ich mit Matthias in den Freihof der Basilika. Dort planscht er im Springbrunnen und flirtet mit den Pilgern, die wieder zu Kindern werden und sich gegenseitig mit Wasser bespritzen. Ich bin kein religiöser Mensch. Aber diese Pilger, egal ob jung oder ergraut, strahlen eine ansteckende Lebensfreude aus, die mir gut tut.

Heute abend wagte ich mit Matthias die Teilnahme an der Lichterprozession. Ein Versuch, denn für das lebendige Kerlchen ist Stillsein nur ein Wort, keine Handlungsanweisung. Aber die vielen flackernden Kerzen, der meditative Litaneigesang, die aus den Chorfenstern tröpfelnde Buntglasdämmerung wiegen den Zappelphillip in den Schlaf. Das warme Kinderkörperchen auf dem Schoß, sinne ich dem Geheimnis des Lebens nach und welche Werte ich meinem Enkel mit auf den Lebensweg geben soll. Wie denkt Hanna über eine religiöse Erziehung? Ich muß sie fragen. In zwei Tagen hat Matthias Geburtstag. Ob sie kommt?

Sie kam. Und sie staunte. Aus dem Säugling war ein Kleinkind geworden, das seine Mutter nachdenklich ansah und sich dann energisch wehrte, als sie es auf den Arm nehmen wollte. Kleine Jungen lassen sich nicht gern von fremden Frauen vereinnahmen. Sie verschenken ihre Zuneigung nach eigenen Kriterien und wollen umworben werden. Ein Wochenende war dafür viel zu kurz.

»Mathieu muß doch spüren, daß ich seine Mutter bin. Es gibt doch so etwas wie eine innerliche Verbindung«, meinte meine superkluge Tochter.

»Mathieu weiß nicht, daß er plötzlich französisch heißt. Wie soll er darauf reagieren, zumal er dich als Bezugsperson abgeschrieben hat«, konterte ich.

Es war kein heiteres Geburtstagsfest. Zwei aufeinander eifersüchtige Frauen buhlten um die Liebe eines Kindes, das verunsichert seine Fühler zurückzog.

»Du erziehst mein Kind total falsch. Und dann diese Umgebung, dieses Haus, diese primitiven Leute«, mäkelte meine Tochter.

Oho, woher diese plötzliche Hochnäsigkeit? »Die Menschen in diesem Haus wissen noch um die Werte von Familie und Gemeinschaft. Und beschwere dich nicht über die fehlende Zuneigung deines Kindes. Es steht auf deiner Prioritätenliste zur Zeit an zweiter Stelle. Das ist gut für dein berufliches Fortkommen, aber schädlich für die Mutter-Kind-Beziehung. Ich habe dich oft genug gewarnt. Aber du hast ja nie Zeit. Darum wundere dich nicht, wenn Matthias dir mit Zurückhaltung begegnet.«

»*Mon dieu.* Es wird Zeit, mit René zu reden«, murmelte meine Tochter.

»Mit wem?«

Keine Antwort. Hanna hatte eine Distanz aufgebaut, die mich nach der intensiven Zeit vor und nach Matthias' Geburt besonders hart traf. Die stürmische Freude der jungen Mutter war dem coolen Selbstbewußtsein einer studierten Frau gewichen. Wo hatten da Matthias, der plötzlich Mathieu hieß, und seine Ominah noch ihren Platz?

Ich erfand eine unaufschiebbare Verabredung und verließ behutsam die Arena im Hochparterre des mausgrauen Hauses, dessen Milieu zum Splitter im Auge meiner Tochter geworden war. Ich bummelte über den Moseluferweg Richtung Konz, aß im Estricher Hof ein Eis, schlenderte zurück, stand vor dem mausgrauen Haus und hatte plötzlich Hemmungen, meine eigene Wohnung zu betreten. Der Schlüssel drehte sich zweimal im Schloß. Also war Hanna ausgegangen. In der Wohnung war es ungewohnt ruhig. Kein Kindergeschrei, kein Kinderlachen, kein Durcheinander. Vorschau auf das, was mich eines Tages erwartete, wenn Hanna ihren Sohn für immer zu sich holen würde. Aber wie sollte eine Alleinerziehende den Spagat von Mutterpflicht und Berufstätigkeit bewältigen? Wer war René? Ein neuer Freund?

»Ein Kollege«, sagte meine Tochter. Mehr war ihr vorerst nicht zu entlocken. Es war Abend. Matthias schlief. Der Nachmittag allein mit seiner Mutter hatte beiden gut getan. Aber nach dem willig entgegengenommenen Gutenachtkuß verlangt mein energischer Enkel: »Mit Ominah noch beten, lieber Dott sons taurisch.«

»Seit wann hältst du was vom Beten?« fragte meine Tochter und schenkte mitgebrachten französischen Cognac in mitgebrachte feinwandige Schwenker.

»Das habe ich früher auch mit dir getan, erinnerst du dich? Ob ich es auch mit deinem Sohn tun darf, darüber zu diskutieren hatten wir bisher nie Zeit. Also?«

Hanna sah nachdenklich in ihren Cognacschwenker, senkte ihre Nase in die Öffnung, schnüffelte, genoß, stellte das Glas zurück und sah mich neugierig an.

»Du bist anders als sonst. Was hat dich verändert?«

»Frage lieber, wer mich verändert hat. Dein Sohn. Er mahnt mich daran, daß seine kleinen Füße, die bald selbständig durchs Leben laufen, einen festen Grund brauchen. Daß seine Hände ein Geländer zum Festhalten nötig haben, bis sie freihändig agieren können. Ob nun die zehn Gebote oder die Bergpredigt, das Bürgerliche Gesetzbuch oder die Bibel, es gibt Richtlinien, ohne die ein Zusammenleben nicht möglich wird. Das muß ein kleines Kind lernen. Du bist die Mutter. Du bestimmst die Werte, nach denen du dein Kind erziehen willst. Da du dich bisher nicht dazu geäußert hast, habe ich meine Wertevorstellungen genommen und ...«

Ich brach ab, staunte über mich selbst und das, was ich gerade ausgesprochen hatte. Fühlte mich irgendwie unbehaglich, daß ich verstandesmäßig begründen sollte, was ich bisher aus dem Bauch heraus getan hatte. Forschend sah ich meine Tochter an. Würde sie schimpfen, über mich lachen, mich abkanzeln? Nichts von alledem. Sie lächelte mir unerwartet herzlich zu und hob ihr Glas.

»Prosit, Ominah. Die erste Runde geht an dich. Du hast recht. Ein Kind braucht eine Hand, die es leitet und die ihm zeigt, wo es langgeht. Mache vorerst weiter so. Vielleicht gibt es wirklich jemand über den Wolken oder wo auch immer, der uns ohne Vorbehalte liebt und dem wir wichtig sind.«

Ich staunte. War das meine unsentimentale, nüchterne, praktisch denkende Tochter? »Hanna, jetzt frage ich: Wer hat dich verändert. Du bist anders als sonst. Sogar anders als heute Morgen.«

»Matthias hat mich zum Nachdenken gebracht. Ich habe mich wirklich zu wenig um ihn gekümmert. Aber ich muß doch Geld verdienen für uns zwei. Und dann gibt es noch René. Mehr möchte ich noch nicht sagen. Unsere Beziehung ist noch viel zu zart, wie Spinnweben im Wind. Aber wunderschön. Ganz anders als damals mit Volker. Vielleicht ...«

Mit diesem Vielleicht ließ sie mich zurück, als sie zwei Tage später wieder nach Colmar fuhr. Zu ihrer Tätigkeit im Museum und zu einem Mann mit Namen René, einer spinnwebfeinen Beziehung aus offensichtlich feinen Kreisen. Ich ahnte, daß das Intermezzo mit Matthias zu Ende ging. Ich genoß die Zeit, die mir noch blieb und litt doch schon unter dem Abschied.

Aus dem Säugling mit den goldblonden Löckchen war ein kleiner Junge geworden. Mit rotblondem Schopf und dem liebenswerten Eigensinn, der Rotköpfen nachgesagt wird. Mit dreizehn Monaten konnte er laufen. Sein Lachen war unwiderstehlich und machte es mir schwer, ihm energisch entgegenzutreten. Dem Jungen fehlte ein Vater.

Hanna kam jetzt öfter. Das Mutter-Sohn-Verhältnis normalisierte sich. Aber was mich eigentlich freuen sollte und was mein Verstand sich gewünscht hatte, belastete mein Gefühl. Es war schwer, den Traum vom Muttersein zu begraben. Hanna ahnte meinen Zwiespalt. Deshalb handelte sie schnell und unsentimental, als sie meine Wohnung stürmte und Matthias, der in Zukunft Mathieu heißen und auf dem Land aufwachsen würde, mit sich nahm.

An diesem Abend setzte ich mich vor das Gnadenbild der Mattheiser Madonna und weinte.

Vier Wochen nach diesem Abend holte Hanna mich nach Colmar. Dort lernte ich René kennen. Einen bodenständigen Mann, der seine bäuerliche Herkunft weder verleugnen konnte noch wollte. Der ohne Bedauern seinen Beruf als Kunsthistoriker an den Nagel hängen wollte, um zu den Wurzeln seiner Familie zurückzukehren. »Hanna und Matthias gehören dazu. Sie machen mein Leben reich und schön. Ich danke Ihnen, daß Sie mit geholfen haben, dieses kleine Leben zu retten. Ich hoffe, Sie oft auf unserem Gut im Elsaß zu sehen. Mathieu braucht seine Ominah.«

Das Intermezzo „Mamam" verklang. Es war die Ouvertüre für die Symphonie „Ominah" gewesen.

CARLOTTA II

Carlotta Strater sprang aus ihrem Chefsessel auf und lief hektisch in ihrem Büro hin und her, um sich gleich darauf wieder zu setzen. Ihre Finger spielten nervös mit der Ruftaste der Sprechanlage, drückten sie schließlich, und als sich die Stimme ihrer Sekretärin meldete, fragte Carlotta ungeduldig:

»Füchschen, ist die Post immer noch nicht da?«

Frau Fuchs kannte die Stimmungsschwankungen ihrer Chefin und beruhigte sie:

»Müller ist zum Postfach, er müßte bald zurück sein. Ich bringe die Post sofort herein. Ich weiß ja, wie gespannt Sie auf das neue Buch warten.«

»Das neue Buch«, dachte Carlotta und brachte ihre Hektik im Schreibtischsessel zu oberflächlicher Ruhe. Noch nie in ihrer Verlegerlaufbahn hatte sie so viel Geduld, Überredungskunst und Zeit investiert, um aus einer Idee eine druckreife Publikation zu machen. Neun Monate hatte es gedauert, bis die Manuskripte der zwölf Kommilitoninnen auf ihrem Schreibtisch lagen. Wahrhaftig keine Sturzgeburt wie bei der Trierer Hanna. Nein, Verlegerin Lottchen hatte sich in Geduld üben müssen wie die Glucken-Oma. Die depressive Babette hatte es nur mit ihrer, Carlottas, Hilfe geschafft, die Saffogeschichte zu Papier zu bringen. Am schnellsten hatte noch Professor Omama reagiert, aber die war als Dozentin schließlich auch geübt im Schreiben. Unbewußt hatte Carlotta wieder zum Füller gegriffen und pochte aus alter Gewohnheit auf die Schreibunterlage.

Poch-poch-poch. Doch-doch-doch. Es hatte sich gelohnt. Wie bunt und vielfältig, wie spannend und fröhlich, wie konfliktreich und belastend konnte das Leben einer Großmutter sein.

Seit fünf Monaten gehörte sie auch dazu. Aber nur nominell, das hatte sie von vornherein klargestellt.

Carlotta griff zu einem Foto, das seit einigen Wochen im schmalen Silberrahmen auf ihrem Schreibtisch stand.

»Damit du wenigstens ab und zu daran erinnert wirst, daß auch du Großmutter geworden bist«, hatte ihre Tochter Irene etwas zweideutig gesagt und ihr ein Bild vor die Nase gestellt. Es war eine hübsche Aufnahme von Mama Irene und der vier Monate alten Karla. Carlotta runzelte die Stirn.

»Ich bin keine Oma Ria, keine Stiefoma Thea, kein bayrisches Großele und schon gar keine Glucke. Ich lasse mich auch nicht einspannen wie die Freifrau Gerda, um dann irgendwann zu sagen: Es wird zu viel. Den Status einer Großmutter habe ich mir nicht ausgesucht, Karla hat mich dazu gemacht. Das ist zwar schön, und bei Geburtstagen, an Weihnachten oder bei sonstigen Familienfesten werde ich es auch genießen. Aber Unabhängigkeit hat bei mir oberste Priorität. Ich bin keine Oma auf Knopfdruck. Ich habe absolut keine Lust auf Fläschchen geben, Windeln wechseln, Aufpasser spielen und Babysprache lernen. Wie hat Benedikt zu Nessie gesagt: ›Ich bin kein Typ zum Heiraten.‹ Und ich, liebe Irene, bin kein Typ zum Enkelhüten. Meine Lebensplanung ist anders, und ich lasse sie mir auch nicht von einem noch so netten Enkelkind durcheinanderbringen.« Entschlossen stellte Carlotta das Foto zurück.

Es klopfte. Frau Fuchs legte einen dicken Umschlag ungeöffnet auf den Schreibtisch. »Das erste Exemplar der Großmuttergeschichten«, lächelte sie und überließ der Chefin die Spannung, das Buch aus der Verpackung zu schälen.

Carlotta öffnete, sah zufrieden auf den Titel, die gehobene Aufmachung, blätterte, nickte und gab die Anweisung:

»An jede Mitautorin ein Belegexemplar schicken. Die Anschriften sind Ihnen ja bekannt. Machen Sie ein nettes Paket daraus mit kleinen Zugaben wie Pralinen und Sekt.«

Ein kurzes Nachdenken.

»Füchschen, haben wir eigentlich schon auf meinen neuen Status als Großmutter angestoßen? Nein? Dann besorgen wir das jetzt zusammen mit einem Prosit auf mein gedrucktes Buch-Kind. Holen Sie den Veuve Clicquot aus dem Kühlschrank. Ach, ob die Witwe auch eine Grand-mère gewesen ist?«

Als die hohen Gläser mit einem feinen Ton aneinander klangen, sah Carlotta sinnend in die aufsteigenden Champagnerperlen. Sie dachte an ihr Enkelchen Karla und die Distanz, die sie mit Absicht aufgebaut hatte, an ihren geliebten Beruf als Verlegerin, an die zwölf Großmuttergeschichten, jede in einer anderen Muschel gewachsen und von ihr zu einer schimmernde Perlenschnur zusammengefügt. Beim zweiten Glas Champagner prickelte ihr die Frage auf der Zunge:

»Ob meine engagierten Großmütter auch mutige und umsichtige Autofahrerinnen sind? Warum mahnen dann nur junge Frauen, putzige Marienkäfer oder langhalsige Geier auf den Autobahnplakaten zur Vorsicht? Eigentlich diskriminierend. Könnten meinen Omamas dazu nicht ein paar passende Geschichten einfallen?«

Frau Fuchs nahm ihrer Chefin energisch das geleerte Sektglas aus der Hand und zitierte lächelnd Wilhelm Busch: »Dumme Gedanken hat jeder. Der Weise verschweigt sie.«